REBECCA CAMPBELL

DEIN LICHT STEHT DIR GUT

Entdecke dein verborgenes Potenzial
und lass dein Leben leuchten

Aus dem Englischen übersetzt
von Iris Halbritter

Ansata

Die englische Originalausgabe erschien 2015 unter dem Titel
»Light is the New Black« bei Hay House UK Ltd.

MIX
Papier aus verantwortungsvollen Quellen
FSC® C083411

Verlagsgruppe Random House FSC®N001967

Ansata Verlag
Ansata ist ein Verlag der Verlagsgruppe Random House GmbH.

ISBN 978-3-7787-7518-9

Erste Auflage 2016

Neumarkter Straße 28, 81673 München

Printed in Germany.
Redaktion: Katja Volkmer
Einbandgestaltung: Guter Punkt, München; Foto: © Jamie Beadon
Satz: Satzwerk Huber, Germering
Druck und Bindung: CPI Books GmbH
www.ansata-verlag.de
www.facebook.com/Integral.Lotos.Ansata

Für Blair, der nie sein Licht unter den Scheffel stellte.

LASS NICHTS UND
NIEMANDEN
DAS LICHT DIMMEN,
DAS IN DEINEM
INNEREN LEUCHTET.

Maya Angelou

INHALT

Teil III – Arbeite an deinem Licht

Teil IV – Leben im Licht

Teil V – Sei das Licht

VOM UNIVERSUM AN MICH – UND AN DICH

Zuhören ist eine Sache. Nach dem Gehörten zu handeln eine ganz andere. Als ich dem Ruf meiner Seele erstmals Gehör schenkte, fehlten mir der Mut, die Zuversicht, die innere Stärke und die praktischen Möglichkeiten, um diesen Ruf zu hören. Geschweige denn mein Leben danach auszurichten. Es fehlten noch einige Puzzleteile, und ich musste erst noch eine Reise hinter mich bringen. Ich rief das Universum und spirituelle Lehrer an, mir zu helfen. Dieses Buch ist das Ergebnis meiner Reise.

Du kannst es in einem Rutsch durchlesen, dir ein Kapitel pro Tag vornehmen oder zufällig eine Seite aufschlagen, um dort sofort Rat zu finden. Im ganzen Buch findest du »ARBEITE-AN-DEINEM-LICHT«-Übungen, Mantras und Affirmationen. Ich habe sie entwickelt, damit du den Ruf deiner Seele nicht nur *hörst*, sondern auch danach *handelst*.

Auch wenn ich es war, die diese Seiten geschrieben hat, kann ich doch das Verdienst dafür nicht allein in Anspruch nehmen. Sie sind eine Mischung aus der Reise eines Mädchens (das wäre meine), gechannelten Botschaften aus dem Universum und von den *Lichträten*. Aus den Lektionen meiner Lehrer sowie den Gedichten, Gebeten und ermutigenden Worten, die ich selbst am meisten gebraucht habe.

Es gibt kein einziges Wort, das die herrliche, alles erleuchtende Präsenz beschreibt, die uns alle miteinander verbindet. Um es wenigstens zu versuchen, habe ich die Begriffe »Quelle«, »Universum«, »Licht«, »Gott« und »Gnade« benutzt. Falls dir das Wort, das ich in einem bestimmten Zusammenhang verwende, nichts sagt, tausch es einfach gegen ein anderes der eben genannten Wörter aus.

Außerdem verwende ich den Begriff »Lichtarbeiter«. Damit bezeichne ich jemanden, der sich bewusst dafür entscheidet, dem Ruf des Geistes / der Seele / der Quelle / des Lichts … zu folgen und ihn wichtiger zu nehmen als sein Ego / seine Furcht / seinen Wunsch nach Kontrolle / die Dunkelheit. Indem du dieses Buch liest, arbeitest du bereits an deinem Licht. Danke, dass du an deinem Licht arbeitest!

Ich bete dafür, dass du dich daran erinnerst, was für ein wunderbares Wesen du bereits bist. Denn dazu warst du immer bestimmt.

Ich bete dafür, dass du dich niemals einsam fühlst und dass du immer das Licht findest, das direkt hinter den Schatten sitzt. Dass du den Mut hast, nach dem leisen, steten Ruf deiner Seele zu handeln.

Ich bete dafür, dass du die Inspiration, den Mut, die Zuversicht, die innere Stärke und die praktischen Möglichkeiten findest, nicht nur nach dem individuellen Ruf deiner Seele zu handeln, sondern dein ganzes Leben danach auszurichten.

Ich bete dafür, dass du das authentische Geschenk an die Welt entdeckst, das du bereits bist. Dass du dich dafür entscheidest, der Welt zu dienen, indem du nur du selbst bist.

Die Welt braucht nicht einfach nur Licht. Sie braucht *dein* einzigartiges Licht.

In Liebe

DIE WELT WIRD DURCH DIE WESTLICHE FRAU GERETTET WERDEN.

DER DALAI LAMA

EINFÜHRUNG

»Zweifle nie daran, dass eine kleine Gruppe engagierter Menschen die Welt verändern kann. Tatsächlich ist dies die einzige Art und Weise, in der die Welt jemals verändert wurde.«

MARGARET MEAD

Auf der Friedenskonferenz in Kanada im Jahr 2009 sagte der Dalai Lama: »Die Welt wird durch die westliche Frau gerettet werden.« Das war ein Handlungsaufruf an alle Frauen in der gesamten westlichen Welt. Dieses Buch ist eine Antwort auf diesen Aufruf.

Es ist ein Buch für eine neue Art von Frauen und Männern, die hier sind, um helle Lichter in der Welt zu sein: moderne Lichtarbeiter, die auf der Seelenebene beschlossen haben, zu dieser Zeit in der Geschichte hier zu sein, um uns ins Zeitalter des Lichts zu führen. Dieses Licht steht unter der Führung des Geistigen und des göttlich Weiblichen. Ich weiß das, weil ich eine von ihnen bin, und weiß, dass ich nicht allein bin.

Die Zeit, in der wir leben, wurde von Mystikern und Weisen aller Zeitalter vorhergesagt. Es ist eine Ära in der Geschichte, in der wir alle dazu aufgerufen sind, unser wahrhaftigstes, hellstes, authentischstes Selbst anzunehmen und emporzusteigen.

Um im Zeitalter des Lichts zu bestehen, muss alles in unserem Leben ein authentischer Ausdruck davon sein, wer wir wirklich sind. Es findet ein globaler Wandel statt, in dem mangelnde Authentizität keine Chance mehr hat. Es wird schwerer, an Beziehungen, Berufen, Marken und anderen Dingen festzuhalten, die nicht im Einklang mit dem Fluss des Universums – und unserem wahren Selbst – stehen. Es ist, als ob unser inneres und äußeres Fundament Stück für Stück wegbricht, damit wir uns wieder mit dem authentischen Licht in unserem Inneren in Verbindung bringen. Damit wir wieder mit dem Universum im Einklang sein können. Dieses Auseinanderbrechen wird erst dann aufhören, wenn unsere innere und äußere Welt endlich übereinstimmen.

Anscheinend über Nacht brach mein ganzes Leben zusammen – so sehr ich mich auch bemühte, alles zusammenzuhalten. Alles, was auf Angst, Bedürftigkeit, Zwang, Kontrolle oder mangelnder Authentizität beruhte, konnte nicht überleben.

Wir haben zu lange in einer patriarchalischen Gesellschaft gelebt, in der die egoistischen Kräfte der Furcht, des fehlenden Bewusstseins, der Trennung und Kontrolle im Vordergrund standen. Während dieser Zeit gab es unglaubliche Fortschritte in der Technologie, im Lebensstandard und in der Bildung. Und dennoch sind wir heute depressiver und einsamer als je zuvor.

Das Patriarchat hinter sich zu lassen, bedeutet nicht, dass das Weibliche nun über das Männliche herrschen soll. Es geht vielmehr darum, einen ausgewogeneren Zustand herzustellen, in dem wir unser authentisches Wesen annehmen und erkennen, dass wir alle miteinander verbunden sind. Dass wir ein Teil eines größeren Ganzen sind. Das emporsteigende Weibliche findet man gleichermaßen in Männern wie in Frauen. Wenn ich »sie« oder »Schwester« sage, spreche ich zu dem mitfühlenden, beschützenden, intuitiven und bewussten weiblichen Teil in uns allen. Dieser Teil erwacht rapide in uns allen, und ich lade ihn ein emporzusteigen.

Der Planet ist in einem Zustand, in dem wir einfach nicht so weitermachen können wie bisher. Mutter Erde ruft das Erwachen eines neuen Bewusstseins aus, damit wir auf diesem herrlichen Planeten, den wir unser Zuhause nennen, überleben können. Einen Wandel von der Aggression zum Mitgefühl, von Fakten zur Wahrheit, von der Furcht zur Liebe, von der Trennung zum Einssein. Vom nicht hinterfragten Dogma zum Glauben, von der linken Gehirnhälfte zur rechten, vom Krieg zum Frieden, vom Zwang zum Einklang. Vom fehlenden Bewusstsein zum Bewusstsein.

Wir alle haben ein Licht in uns, das nur darauf wartet, uns nach Hause zu führen. Es ist die Bestimmung unserer Seele, dieses einzigartige Licht auf die Art zum Leuchten zu bringen, zu der nur wir selbst in der Lage sind. Indem wir das tun, springt der Funke auf jemand anderen über und inspiriert ihn, das Gleiche zu tun.

Wir alle sind dazu aufgerufen, den tiefsten Regungen unserer Seele zu folgen und unser ganzes Leben danach auszurichten. Wenn wir das tun, können wir eine neue Phase der Weltgeschichte einläuten. Wir leben in einer Zeit, in der die männlichen und weiblichen Energien wieder ins Gleichgewicht kommen und wir die Verbundenheit aller lebenden Wesen erkennen.

Während jeder Einzelne von uns sein Licht entfacht, zünden wir mühelos einen Funken in anderen und steigen so alle gemeinsam empor.

Ich glaube, dass wir so die Welt verändern können – eine bewusste, authentische Person nach der anderen.

Und ich glaube auch, dass du hier bist, um dabei mit voranzugehen.

Steige empor, Schwester, steige empor.

STEIGE EMPOR, SCHWESTER, STEIGE EMPOR

Wenn deine Pläne und Vorhaben und Hoffnungen
und Träume flehen, dass du sie loslässt.

Steige empor, Schwester, steige empor.

Wenn dein Leben, das du dir so bewusst
geschaffen hast, um dich herum zerfällt.

Steige empor, Schwester, steige empor.

Wenn deine Seele schwer ist und dein Herz gebrochen.

Steige empor, Schwester, steige empor.

Wenn du dein Bestes gegeben hast, und es nicht genug war.

Steige empor, Schwester, steige empor.

Wenn du geschlagen und besiegt wurdest
und dich weit weg von zu Hause fühlst.

Steige empor, Schwester, steige empor.

Wenn du in tausend Stücke zersprungen bist
und nicht weißt, welches Stück wohin gehört.

Steige empor, Schwester, steige empor.

Wenn du geliebt und verloren hast. Und dann wieder verloren.

Steige empor, Schwester, steige empor.

Wenn deine Flügel gestutzt wurden,
du entmutigt bist und nur noch ein Flüstern hörst.

Steige empor, Schwester, steige empor.

Wenn du deine Berufung endlich um Gnade bittest
und keine Ahnung hast, wo du anfangen sollst.

Steige empor, Schwester, steige empor.

Steige für dich empor. Und steige für mich empor.
Denn wenn du emporsteigst, machst du den Weg heller für Sie.

SONN DICH IM LICHT

Ich möchte alles tun, was in meiner Macht steht, um dein Emporsteigen zu unterstützen. Meine Vision für *Dein Licht steht dir gut* reicht weit über diese Seiten hinaus. Hier liste ich ein paar Möglichkeiten auf, mit denen du dich noch mehr im Licht sonnen kannst.

www.LightIsTheNewBlack.com
Besuch meine Website. Dort findest du kostenlose Meditationen, Techniken, Interviews und Geschenke.

LightIsTheNewBlack
Teile das Licht mit anderen auf *Twitter* – unter dem Hashtag *#LightIsTheNewBlack*.

Light-Sourcing-Meditation
In diesem Buch komme ich immer wieder auf meine *Light-Sourcing*-Meditation zu sprechen. Wenn du eine große Veränderung in deinem Leben herbeiführen willst, kannst du sie gratis *(yeah!)* auf *www.lightisthenewblack.com* herunterladen. Probiere sie 21 Tage lang aus. Du wirst förmlich dabei zusehen können, wie sich das Universum auf dich zubewegt.

Dein Licht-steht-dir-gut-Soundtrack auf Spotify
Besorg dir Licht für deine Ohren! Mit der kostenlosen Playlist auf *www.lightisthenewblack.com* kannst du die Musik beim Lesen immer wieder abspielen.

Teil I

ICH MUSSTE ALLES VERLIEREN, UM MICH ZU FINDEN

Die Reise eines Mädchens

△

BLAST DEN SUCHTRUPP AB, ICH WAR DIE GANZE ZEIT IN MIR

Wir alle besitzen ein inneres Licht, das nur darauf wartet, uns nach Hause zu führen. Und manchmal knipst das Universum alle anderen Lichter aus, sodass uns nichts anderes übrig bleibt, als unser eigenes Licht zu finden. Vielleicht kennst du das ja? Bei mir war es jedenfalls so.

Solange ich zurückdenken kann, wusste ich tief in meinem Inneren, dass ich aus einem ganz bestimmten Grund hier bin. Ich wusste, dass ich einen Lebenszweck, eine Berufung habe, aber das Ganze setzte mich unglaublich unter Druck. Es war, als würde ich mit einer Riesenlast auf meinen Schultern herumlaufen. Ich fühlte mich, als ob ich dringend etwas Wichtiges zu tun hätte und mir die Zeit davonlief.

Du kennst doch das Gefühl, wenn du eine bestimmte Arbeit oder Aufgabe über das Wochenende erledigen musst und nicht zur Ruhe kommst, bis sie abgehakt ist?

Dieses Gefühl hatte ich die ganze Zeit. Als ob da etwas wäre, das ich vergessen hatte. Ein leises Flüstern, das ich nicht verstand. Dieses Gefühl nagte an mir: Es war da, wenn ich zu Bett ging, es war da, wenn ich mitten in der Nacht aufwachte, und es war da, wenn ich morgens aufstand.

Ich hatte den Großteil meines Lebens damit verbracht, außerhalb meiner selbst nach Antworten zu suchen. Ich griff nach allem, was ich in die Hände kriegen konnte, um dieses unterschwellige Gefühl von Schmerz, Sehnsucht und Verlangen zu lindern. Und um den Ruf meiner Seele zu ersticken, der mir sagte, dass mir etwas fehlte. Dass es da noch etwas anderes gab.

Ich suchte meine Zuflucht in Beziehungen, Karriere, Reisen, Essen, Alkohol und Nachtleben, aber nichts davon stellte mich richtig zufrieden. Ich reiste bis ans andere Ende der Welt, um irgendetwas zu finden, das ich nicht benennen konnte …

Ich drängte, strengte mich an und kontrollierte, anstatt zuzuhören, zu vertrauen und zuzulassen. Es musste erst mein ganzes Leben einstürzen, bevor ich erkannte, dass alles, wonach ich suchte, bereits in mir drin war.

Meine Seele hatte schon immer nach mir gerufen.
Ich blickte bloß in die falsche Richtung.

DER TIEFPUNKT – ODER WAS ICH DAFÜR HIELT

Als das Jahr 2011 nahte, hatte ich das Gefühl, dass mein Leben nur noch von einem seidenen Faden zusammengehalten wurde und der Turm jeden Augenblick einstürzen würde.

Ich, die ich ursprünglich aus Australien stamme, hatte gerade mein langjähriges Berufsziel erreicht und war mit nur 30 Jahren Creative Director in einer Londoner Werbeagentur geworden. Doch als dieser Traum endlich wahr wurde, fühlte ich gar nichts. War das denn nicht das, wofür ich so hart gearbeitet hatte? Wofür hatte ich so viel geopfert? Über Nacht wurde mir klar, dass mein Beruf nicht mehr zu meiner Seele passte.

Meine Beziehung zu dem Mann, mit dem ich über zehn Jahre zusammen gewesen war, lag in den letzten Zügen, aber ich weigerte mich, mir dies einzugestehen. Matt und ich hatten uns an der Universität kennengelernt. Er war kreativ, sensibel und witzig, seine coole Lässigkeit war unheimlich attraktiv, und ich hatte mich sofort in ihn verliebt.

Die ersten Jahre waren wundervoll, aber im Laufe der Zeit wurde alles immer komplizierter und verfahrener. Matt litt schon seit einigen Jahren unter chronischen Depressionen. Wir lebten in London, weit weg von unseren Familien, die uns hätten unterstützen können. Und wir weigerten uns, der Realität ins Auge zu blicken.

Ich gestand mir nicht ein, dass unsere Beziehung längst kaputt war. Ich versuchte tausendmal, sie wieder zu kitten, anstatt es einfach zu akzeptieren. Meine Gabe, das Potenzial in jedem Menschen zu sehen, nutzte in diesem Fall keinem von uns beiden etwas.

Je schlimmer es wurde, desto stärker bemühte ich mich, alles zu retten. Je stärker ich alles zu retten versuchte, desto mehr ignorierte ich den

Ruf meiner Seele. Je mehr ich den Ruf meiner Seele ignorierte, desto mehr geriet ich aus dem Fluss mit dem Universum. Je mehr ich aus dem Fluss mit dem Universum geriet, desto einsamer fühlte ich mich.

Ich hatte seit Jahren keine echte Freude mehr in meinem Herzen gespürt, aber den Gedanken, nicht mehr mit Matt zusammen zu sein, konnte ich nicht ertragen. Wir liebten einander von Herzen, aber eigentlich waren wir eher beste Freunde als Lebensgefährten. Mit jedem Tag fühlte ich mich gefangener und eingesperrter in einem Leben, das ich mir so mühsam aufgebaut hatte. Der Gedanke, mich von dem Menschen zu verabschieden, der mein gesamtes Erwachsenenleben an meiner Seite gewesen war, fiel mir unbegreiflich schwer. Die Angst lähmte mich, dass ich dann ganz allein wäre und nichts Neues Matts Platz einnehmen würde.

Meine äußere Welt stimmte nicht mit meiner inneren Welt überein. Ich war nicht im Fluss mit dem Universum. Ich wusste, dass meine Seele mich dazu aufrief, eine tief greifende Veränderung in meinem Berufsleben vorzunehmen – und meiner Leidenschaft für spirituelle Entwicklung, Intuition und die Reise der Seele zu folgen. Aber ich hatte Angst, mich spirituell zu outen, meiner tollen Karriere und meinem Netzwerk den Rücken zu kehren, nachdem ich für beides so hart gearbeitet hatte.

Jede Nacht wachte ich um 3:13 Uhr auf, schweißgebadet, und rang nach Luft. Ich lag allein im Bett und konnte am Ende des Flurs Matt hören, der immer noch am Computer saß. Meine Einsamkeit war förmlich greifbar. Manchmal kniete ich mich auf allen vieren hin und schluchzte einfach nur hemmungslos. Ich flehte Gott an, ein Wunder geschehen zu lassen und mich dort herauszuholen. Mir fehlte einfach der Mut, es selbst zu tun.

△

AUFGEKNACKT

Am 15. April 2011 erfuhr ich kurz nach dem Aufstehen, dass bei Blair, einem meiner besten Freunde, akute myeloische Leukämie diagnostiziert worden war. Mein Herz plumpste durchs Bett, im verzweifelten Versuch zurück nach Australien zu kommen. Blair hatte Zugang zu einem Teil meiner Seele, wie es kein anderer Mensch je gehabt hatte. Bei ihm konnte ich mein wahrstes, größtes, authentischstes Selbst leuchten lassen. Er kannte meine geheimen Träume und hatte selbst ähnliche.

Als wir uns kennenlernten, hatten wir sofort eine Seelenverbindung. Ich habe ihn auf der Stelle geliebt. Blair hatte ein ansteckendes Charisma und war einfach cool. Er hatte keine Angst davor, sein größtes Selbst zu sein, und ermutigte andere, das Gleiche zu tun. Er war jemand, der das Leben liebte, ein außergewöhnlicher Mensch und Freund, mit dem man richtig Spaß haben konnte.

Blair war der Einzige in meinem Alter, mit dem ich offen über mein spirituelles Leben reden konnte. Am Abend als wir uns kennenlernten, stellten wir fest, dass wir beide das gleiche Buch lasen: *Dein Leben im Licht. Heilung durch Selbsterkenntnis* von Doreen Virtue. Wir wollten zusammen Bücher schreiben und die Welt verändern. Aber erst wollten wir beide in unserem jeweils gewählten Beruf erfolgreich werden: er als Schauspieler und ich als Creative Director. Erst dann würden wir unsere Macht dazu einsetzen, die Welt zu verändern.

Im Laufe des 15. April verschlimmerte sich Blairs Zustand. Ich betete für ein Zeichen, ob ich nach Australien fliegen sollte oder nicht. Zwei Minuten später holte ich etwas aus meinem Kleiderschrank. Plötzlich kippte der Schrank um, fiel krachend auf den Boden und leerte seinen kompletten Inhalt vor mir aus. Ich wertete das als Zeichen und nahm den nächsten Flug.

Bis ich im Flugzeug saß, hatte sich Blairs Zustand so sehr verschlechtert, dass die Ärzte ihn in ein künstliches Koma versetzten. Während des langen Fluges nach Hause – irgendwo über Europa und dem Nahen Osten – spürte ich Blairs Anwesenheit körperlich. Ich konnte regelrecht fühlen, wie das Gewicht seines Körpers gegen meinen drückte. Ich roch sein Rasierwasser und spürte, wie seine warmen Lippen mich auf die Stirn küssten. Er legte mir die Hand auf den Brustkorb und besänftigte mein schmerzendes Herz. In diesem Moment wusste ich, dass er tot war.

Jahre zuvor hatten wir eine Vereinbarung getroffen: Derjenige, der zuerst starb, würde den anderen sofort besuchen kommen, damit er wüsste, dass alles in Ordnung und er gut im Jenseits angekommen war.

Für jemanden in meinem relativ jungen Alter hatte ich schon ziemlich viele Todesfälle erlebt. Aber das hier war etwas anderes. Blair war etwas anderes. So war das nicht geplant.

Ich fiel in ein tiefes dunkles Loch der Trauer, aus dem mich niemand herausholen konnte.

Ein paar Monate später verloren wir plötzlich noch einen anderen lieben Freund aus demselben engen Freundeskreis.

Das Universum ließ nicht locker.

Ich fühlte mich betrogen, war verbittert und wütend. Ich hatte keine Kraft mehr zu kämpfen. Ich wollte eine Wiedergutmachung von Gott.

Obwohl Matt und ich uns gegenseitig bei der Trauer um unsere Freunde unterstützten, beschlossen wir an einem Sonntag im Oktober – kurz nachdem wir meinen 30. Geburtstag gefeiert hatten –, unsere Beziehung zu beenden. Und ehe ich wusste, wie mir geschah, sah ich ein schwarzes Taxi in der Ferne verschwinden. Es brachte den Menschen weg, mit dem ich mein ganzes bisheriges Erwachsenenleben verbracht hatte – die Straße hinunter, auf die andere Seite der Welt und aus meinem Leben.

Der Winter nahte. Ich war allein, unerreichbar und weit weg von zu Hause.

Δ

DAS FUNDAMENT BRÖCKELT

Das Einzige, was mich durch die folgenden Monate brachte, war die Arbeitsmoral, die mir meine Eltern eingeimpft hatten. Ich hatte mir meine Eltern gut ausgesucht.

Die Trauer schlug aus dem Nichts zu: an meinem Schreibtisch, in der U-Bahn, im Supermarkt, wenn ich die Straße entlangging.

Meine Familie und Freunde redeten mir zu, nach Australien zurückzukehren, aber tief in mir drin wusste ich, dass dies etwas war, dem ich mich allein stellen musste. Ich musste mich in die dunkelsten Tiefen vorwagen und selbst wieder herausfinden.

Um einen Neuanfang zu machen, zog ich in eine Wohnung im Londoner Stadtteil Notting Hill. Innerhalb einer Woche stellte ich fest, dass selbst meine neue Bleibe auseinanderfiel. Das Fundament des Gebäudes bröckelte buchstäblich um mich herum weg.

Alle Mauern, die mich umgaben, mussten erneuert werden. Die Ironie an der Sache entging mir nicht. Die Welt war mein Spiegel.

Eines Nachts wurde mir alles zu viel, und ich war nahe dran aufzugeben. Tränen flossen mir unaufhaltsam über das Gesicht. Plötzlich barsten auch noch die Wasserrohre und verwandelten mein Zuhause in ein stinkendes Meer wässriger Verzweiflung.

Ist das dein Ernst, Universum?

Ich fand mich auf dem durchnässten Teppich wieder, in totaler Kapitulation, und betete – flehte vielmehr – um Gnade. Es hatte nicht im Geringsten etwas Anmutiges an sich und hörte sich etwa so an:

»Gott …, bitte hilf mir.

Bitte, Gott, hilf mir.

Im Ernst, ich gebe auf.

ICH GEBE AUF.

ICH GEBE VERDAMMT NOCH MAL AUF.

Verdammt, ich weiß nicht, was du von mir willst.

Ich kann nicht mehr.

BITTE, GOTT, HILF MIR, VERDAMMT!

WAS, ZUM TEUFEL, SOLL ICH BLOSS TUN?«

Da hörte ich plötzlich ganz deutlich die Worte: *Geh nach Chicago.*

Gefolgt von einem Gefühl absoluter Ruhe und Erleichterung.

Ich dachte: Chicago? Was zur Hölle soll in Chicago sein?

Ich zermarterte mir das Hirn. Der einzige Mensch, den ich in Chicago kannte, war meine Lehrerin Sonia Choquette, bei der ich in den vorangegangenen vier Jahren in London gelernt hatte. Ohne meinem Kopf Zeit zu geben, sich einzumischen, sah ich auf ihre Website und schrieb ihrem Assistenten eine E-Mail. Er schrieb mir sofort zurück, dass in einer Woche in Chicago eine Lehrerfortbildung stattfinden sollte. Sie war eigentlich nicht für die Öffentlichkeit gedacht, aber es gab noch einen freien Platz, den mir Sonia gerne geben wollte.

Mein Verstand sagte: Du hast in 14 Tagen einen großen Kampagnenstart in der Agentur. Du hast keinen Urlaub mehr. Deine Wohnung fällt auseinander. Du bist ein emotionales Wrack. Willst du wirklich, dass andere Leute dich so sehen? Pah, und überhaupt – Lehrerin? Was glaubst du, wer du bist? Du willst eine Ausbildung zur spirituellen Lehrerin machen, wenn du noch nicht einmal dein eigenes Leben in den Griff kriegst?

Meine Seele flüsterte: *Geh nach Chicago.*

Ich wusste, dass mein Leben nicht mehr lebenswert war, wenn sich nicht etwas änderte. Daher bat ich: »Wenn ich wirklich gehen soll, sende mir einen Beweis, und zwar einen guten.«

Ich drehte den Hauptwasserhahn zu, schrieb eine SMS an meinen Vermieter, wechselte meinen nassen Schlafanzug und ging wieder in mein halb schwimmendes Bett.

Am nächsten Morgen erhielt ich eine SMS von meinem Vermieter. Er schrieb, dass er jemanden gefunden hatte, der die Wohnung renovieren würde. Allerdings müsste ich dazu eine Woche lang ausziehen (genau die Woche, in der die Lehrerfortbildung in Chicago stattfand). Er entschuldigte sich vielmals und sagte, ich müsste für den nächsten Monat keine Miete zahlen (das entsprach den Kosten für die Kursgebühr plus Flug). Er würde außerdem während dieser Zeit für ein Hotel meiner Wahl aufkommen (mein Hotel in Chicago).

Gut gemacht, Universum!

Trotzdem war da noch der Kampagnenstart …

Als ich eine Stunde später im Büro ankam, erfuhr ich, dass die Kampagne wegen eines PR-Skandals verschoben worden war. Und jetzt halt dich fest: Der CEO schlug mir vor, frei zu nehmen, solange es noch ruhig war. Ich solle lieber bereitstehen, sobald der PR-Skandal – in einem Monat oder so – abgeebbt wäre.

Verdammt gut gemacht, Universum!

Ich verstand den Wink mit dem Zaunpfahl, buchte sofort meinen Flug und setzte mich – zum ersten Mal seit langer Zeit – auf den fliegenden Teppich. Ich vertraute einfach darauf, dass er mich an einen guten Ort führen würde.

WIE ICH GNADE FINDE – UND GRACE

Von dem Moment, als ich ins Flugzeug stieg, bis zu dem, als ich in Chicago vor dem Kaminfeuer saß und mein wassergetränktes Herz trocknete, fühlte ich mich genau am richtigen Platz. Ich konnte spüren, wie mich Blair anfeuerte. Es war, als wäre ich die Heldin eines Films, den ich schon einmal gesehen hatte. Wie ein Déjà-vu auf Steroiden. Als ob ich vom Leben gewiegt werden würde. Ich schlief zum ersten Mal seit ewigen Zeiten wieder eine ganze Nacht durch und erwachte, obwohl mir das Herz noch immer schwer war, mit einem neuen Hoffnungsschimmer.

Am nächsten Abend saß ich, nach einem langen Tag, vor dem Sänger Gurunam Singh und seinem sexy Drummer Chris Maguire, die für uns meditative Musik spielten.

Nachdem ich ein paar Liedern gelauscht und eifrig mitgesungen hatte, öffnete sich mein Herz noch etwas mehr. Durch den Spalt lugte schüchtern meine Seele hervor. Gurunams Blick begegnete meinem, und ich konnte fühlen, wie er meine Seele hielt. Mir stand die heilsamste Erfahrung meines Lebens bevor. (Besuch *www.lightisthenewblack.com*, um seinen von Gnade erfüllten Song herunterzuladen!) Er sang:

Gib all deine Hoffnungen und Träume auf.
Gib all deine Pläne und Vorhaben auf.
Gib die Angst vor der Dunkelheit auf,
wenn du vom Licht umgeben bist.
Gib die Angst auf, dich zu irren, und das Bedürfnis,
Recht zu haben. An Dich, an Dich, an Dich, an Dich. An Dich, an
Dich, an Dich, an Dich.
An Dich, an Dich, an Dich, an Dich.
Ich übergebe alles, was ich bin, an Dich.

In diesem Moment erkannte ich, wie viel Zeit ich damit vergeudet hatte, mein Leben zu kontrollieren und etwas erzwingen zu wollen. Ich war vollkommen erschöpft, weil ich so lange verzweifelt versucht hatte, alles zusammenzuhalten. Ich hatte keine Kraft mehr zu kämpfen, und es war an der Zeit, die Zügel aus der Hand zu geben.

Während Gurunam weitersang, trauerte ich um Blair. Ich trauerte um das Ende meiner Beziehung zu Matt. Ich trauerte um die Familie, die es nie geben würde, und die Tochter, die ich nie kennengelernt hatte. (Ich hatte ein Jahr zuvor eine Fehlgeburt erlitten.) Ich weinte um meine innere Stimme, die ich so lange ignoriert hatte. Ich weinte um all die Jahre, die ich als der männliche Teil von mir selbst verbracht hatte – strebend und kämpfend –, anstatt mich vom Leben tragen zu lassen. Ich weinte bitterlich um die ausgelassene Frau in mir, die sich danach sehnte, in Erscheinung zu treten. Ich trauerte um all die Zeit, in der ich alles außerhalb meiner Selbst gesucht hatte – wo ich doch bloß in mich hätte hineinsehen müssen. Ich schluchzte wegen des Lichts tief in meinem Herzen, das immer noch hell leuchtete – so sehr ich auch versucht hatte, es auszulöschen.

Meine Vergangenheit, meine Gegenwart, aber hauptsächlich meine Zukunft – ich trauerte um alles. Und während dieser drei Minuten und 30 Sekunden gab mein Ego schließlich auf und bat meine Seele, die Führung zu übernehmen.

In diesem kurzen Moment berührte ich etwas in meinem Inneren, was nur als Gnade beschrieben werden kann. Ich gab mich hin. Ich berührte Gott. Oder vielmehr empfing ich Gott, der mich berührte. Ich kam nach Hause. Ich erkannte, dass ich – obwohl ich mich von allem getrennt fühlte – in Wahrheit Teil eines größeren Ganzen war. Ich war eins mit allem und daher niemals wirklich abgetrennt oder allein.

Ich merkte, dass ich nur deshalb das Gefühl gehabt hatte, nicht unterstützt zu werden, weil ich mich selbst nicht unterstützt hatte. Ich hatte mich nur deshalb allein gefühlt, weil ich den Ruf meiner Seele ignoriert hatte. Und zum ersten Mal konnte ich über meinen elenden Zustand hinaussehen und das überreiche Licht der Gnade wahrhaft spüren.

Ich erfuhr (und erinnerte mich gleichzeitig daran), wer ich wirklich war. Als ob das Innerste von mir, das bereits Bescheid wusste, sagte: *Ja, dort entlang*.

Ich erlebte, wie ich zu meinem authentischen Selbst heimkehrte, anders als je zuvor. Ich fühlte, wie meine Seele jubelte.

Als Gurunam sein nächstes Lied sang, *The Grace of God* (Die Gnade Gottes), hatte ich einen Aha-Moment. Endlich verstand ich, wonach ich die ganze Zeit gesucht hatte.

Schon mein ganzes Leben lang war ich merkwürdig fasziniert gewesen von dem Phänomen, das man »nomen est omen« nennt – das heißt, wenn der Name eines Menschen zu seiner Berufung oder seinem Lebenszweck passt wie ein Wink des Himmels. So war William Wordsworth Schriftsteller, Larry Speakes Redner im Weißen Haus, Tracey Cox Sextherapeutin und Lisa Messenger die Gründerin des *Collective Magazine*. Ich hingegen hatte mich von meinem Namen immer ein bisschen verraten gefühlt. Rebecca bedeutet auf Hebräisch so viel wie »verknotete Schnur« oder »zubinden«.

Ich wollte kein zugebundener Sack sein und mit Sicherheit auch keine verknotete Schnur. Doch dann traf es mich wie ein Blitz aus heiterem Himmel. Bis zu diesem Zeitpunkt hatte ich mein ganzes Leben damit verbracht, nach Bedeutung zu suchen. Danach, mich selbst von diesem verknoteten Bündel von Gedanken zu lösen, das mich ausmacht – MICH.

Mein Nachname, Campbell, stammt aus Schottland und bedeutet »schiefer Mund« – was bestenfalls für mangelnde Authentizität steht. In Anbetracht dessen, wie lange ich meine innere Stimme ignoriert und meine Spiritualität vor anderen verborgen gehalten hatte, traf das ziemlich gut zu. Aber dort – peng! – genau in der Mitte stand noch mein zweiter Vorname … Grace. Das englische Wort für Gnade.

Ohne dass ich es merkte, war Gnade genau das, wonach ich mein ganzes Leben lang gesucht hatte. Und dabei war sie die ganze Zeit in mir. Ich hatte im Norden, Süden, Osten und Westen gesucht. Ich hatte mich bemüht, alles zu kontrollieren, zu erzwingen und geschehen zu machen. Dabei musste ich doch nur dem leisen Ruf meiner Seele nachgeben und mich vom Licht der Gnade führen lassen.

△

LEBEN IM LICHT

Mein inneres Licht leuchtete strahlend hell. Ich war zu Hause. Jetzt, wo ich es gefunden hatte, würde ich es auf keinen Fall wieder verschwinden lassen. Ich gelobte, zu jedem noch so kleinen Ruf meiner Seele »Ja« zu sagen, ganz gleich, wie viel Sinn er bei nüchterner Betrachtung ergeben mochte. Ich gelobte, alles zu tun, was ich konnte, um mir selbst nie wieder den Rücken zu kehren.

Es gibt ein Sprichwort, das besagt: »Wenn der Schüler bereit ist, erscheint der Meister.« Schon am nächsten Tag brachte man mir eine Meditationsform bei, die man *»Light Sourcing«* nennt. (Ich verrate dir die Technik in Teil IV, und du kannst sie auch auf *www.lightisthenewblack.com* herunterladen.) Durch diese einfache Meditationsform konnte ich mich mit der Energie jener Quelle aufladen, von der wir alle ein Teil sind. Das war etwas ganz anderes, als sich an etwas außerhalb meiner selbst zu wenden.

Ich begann mit dem *Light Sourcing* und lausche seitdem jeden einzelnen Tag dem Rufen meiner Seele. Ich habe es zu einem unverzichtbaren Teil meines Lebens gemacht.

Ich habe einfach jeden Tag etwas getan.

Innerhalb weniger Monate war mein Leben nicht mehr wiederzuerkennen. Ich fühlte mich unterstützt, weil ich mich selbst unterstützte. Meine Seele war zufrieden, weil ich nach ihrem Ruf handelte. Mein Fundament wurde stark, weil ich mich von innen nährte. Ich konnte mein schmerzendes Herz heilen und mir von meinem inneren Licht den Weg weisen lassen – durch den täglichen Akt des Loslassens und Empfangens. Und weil ich es zuließ, mich unterstützen zu lassen.

Ich mistete mein Leben gründlich aus und behielt nur die Dinge, die mir nützten.

Übereinstimmung war entscheidend.

Ich ersetzte »du solltest« und »du könntest« durch innige Sehnsüchte und die Frage »Warum nicht?«. Ich tanzte, atmete, schüttelte ab und nahm an. Ich ließ nur die Menschen, Erfahrungen und Dinge in mein Leben, die mich erfüllten, zum Leuchten brachten und dazu führten, dass ich mich ganz fühlte.

Als ich mich bewusst dazu entschied, keine Beziehung einzugehen, bevor ich nicht vollständig geheilt und ganz war, merkte ich, dass ich gar keinen anderen Menschen brauchte, um VERLIEBT zu sein. Stattdessen konnte ich ganz für mich allein VOLLER LIEBE (im Fluss der Liebe) sein.

Indem ich zuerst dafür sorgte, selbst erfüllt zu sein, konnte ich mich in meinen Beziehungen strahlender und vollständiger zeigen als je zuvor. Schicht um Schicht wurde ich immer nackter und authentischer, bis ich mich schließlich ohne Vorbehalt spirituell outete.

Ich kündigte meinen Job und startete meine intuitiv-spirituelle Mentoring-Praxis. Meine Freundin Robyn Silverton und ich gründeten zusammen *The Spirited Project* und veranstalteten monatliche *Spirited*-Sitzungen. Durch glückliche Zufälle kamen immer wieder neue Menschen – meine Sorte Menschen – in mein Leben.

Dann lernte ich jemanden kennen, der selbst auf der Reise zu sich nach Hause war. Ich lud ihn ein, mit mir IN LIEBE (in einem Raum der Liebe) zu sein. Ich *brauche* ihn nicht in meinem Leben, aber ich möchte ihn und freue mich darüber, dass er ein Teil davon ist. Im letzten September hat er mich gefragt, ob ich ihn heiraten will, und ich habe laut und deutlich »Ja« gesagt.

Meine Gebete wurden in weit höherem Maße erhört, als ich es mir jemals hätte vorstellen können. Und dafür musste ich mich nur hingeben und meine Seele mutig die Führung übernehmen lassen.

Blast den Suchtrupp ab, ich war die ganze Zeit in mir.

ERWACHEN

Spulen wir zurück in die 90er-Jahre.

Hin und wieder verschwört sich das ganze Universum. Dann kreuzt sich unser Weg mit dem eines anderen Menschen, von dem wir das Gefühl haben, dass er nur unseretwegen auf diesem Planeten ist. Vielleicht hättest auch du einfach weitergeschlafen, wenn eine bestimmte Begegnung nicht stattgefunden hätte? Ich hatte eine solche Begegnung an dem Tag, an dem ich Angela Wood traf.

Kurz nachdem ich mit 14 Jahren in die Highschool gekommen war, erlebte ich etwas, das ich heute nur als mein erstes Erwachen beschreiben kann. Als geborene Empathin konnte ich schon immer auf der Straße an Fremden vorbeigehen und ihre geheimsten Gedanken und Gefühle spüren.

Diese Fähigkeit erreichte einen ungeahnten Höhepunkt, als ich eines Tages einen Artikel in einer Mädchenzeitschrift las. Er handelte von einem Mädchen namens Anna Wood, das tragischerweise gestorben war, nachdem es die Droge Ecstasy genommen hatte. Annas Mutter, Angela Wood, sprach in dem Interview ganz offen über den Verlust des wunderbar hellen Lichts, das ihre Tochter für sie gewesen war. Dieser Artikel berührte meine Seele so tief, dass ich mich in den Schlaf weinte. Ich trauerte mit Annas Mutter, ohne wirklich zu wissen, warum. Und ohne meine Gedanken ausdrücken zu können.

Am nächsten Tag fuhr ich mit dem Bus in die Buchhandlung und kaufte *Anna's Story*, Anna Woods Lebensgeschichte. In der Schule erzählte ich meiner Freundin voller Inbrunst, wie sehr Annas Geschichte mein Herz berührt hatte.

Ich schlug die Seite in dem Buch auf, auf der das Foto von Annas Mutter abgebildet war, und sagte: »Es ist wirklich merkwürdig, und ich kann auch nicht sagen, warum. Aber ich habe den Drang, Angela zu suchen, sie zu umarmen und ihren Schmerz ein wenig zu lindern.«

Meine Freundin sagte: »Das ist wirklich merkwürdig.« Sie blickte auf, sah erneut ins Buch und blickte wieder auf. Dann deutete sie mit dem Finger auf jemanden und sagte: »Die Dame da drüben sieht irgendwie so aus wie Annas Mutter.«

Ich entdeckte eine große blonde Frau, die den Schulhof überquerte, und erkannte …

SIE WAR ES. Es war Angela Wood!

Ich zögerte kurz, weil ich diesen irrsinnigen Zufall einfach nicht fassen konnte. Aber dann lief ich ihr nach, getrieben von einer Macht, die größer war als mein Verstand oder mein Körper. Der stellvertretende Schuldirektor fing mich mit einer Frage ab. Mitten im Satz drehte ich mich um und stellte fest, dass Angela verschwunden war. Ernüchtert beendete ich das Gespräch. Doch als ich mich umdrehte, um wieder zu meinen Freundinnen zurückzugehen, sah ich Annas Mutter, die zu mir herübersah.

Alles schien stillzustehen. Wir teilten einen seltsamen Moment, in dem sich unsere Seelen im Innersten erkannten, bevor ich mich ihr vorstellte und auszudrücken versuchte, wie sehr ihre Geschichte mich beeindruckt hatte. Damit hielt ich das Buch umklammert. Angela lud mich daraufhin zu ihrem Vortrag ein, den sie vor der Abschlussklasse halten sollte. Mir war klar, dass ich einfach hin musste, also schwänzte ich Mathe, schmuggelte mich unter die Zuhörer und versuchte nach Kräften, nicht aufzufallen. Nach dem Vortrag wartete ich schüchtern, um noch kurz mit ihr zu reden. Wir vereinbarten, miteinander in Kontakt zu bleiben.

Angela hat mir später erzählt, dass wir uns an ihrem Geburtstag kennengelernt haben. Sie hatte Anna an diesem Morgen um ein Geburtstagsgeschenk gebeten und gleich gewusst, dass unser Treffen dieses Geschenk war.

Wir wurden schnell Freundinnen. Auch unsere Familien haben sich kennengelernt und brachten wunderbar viel Verständnis für unsere scheinbar ungleiche Freundschaft auf.

Angela und ich haben stundenlang Kaffee getrunken und über den Sinn des Lebens geredet. Über das Jenseits, Trauer, Tod, frühere Leben und Engel. Wir haben uns über unsere Träume ausgetauscht, über Gedichte, Bücher und Theorien über das Leben und das Universum. Ich habe von ihr aus erster Hand etwas über die Stärke des menschlichen Herzens und den Mut des menschlichen Geistes gelernt. Ich konnte stundenlang zuhören, wenn Angela mir ihre Geschichten über das wunderbar hell leuchtende Licht erzählte, das ihre Tochter Anna für sie gewesen war. Wie Anna in ihren 15 kurzen Lebensjahren die Herzen der Menschen tiefer berührt hatte, als es die meisten in 80 Jahren tun.

Ich bete dafür, dass ich das Gleiche tun kann.

In diesen Jahren stieg ich oft aus dem Schulbus und lief in einer Art kreativer Trance den steilen Hügel hinauf. Worte schossen mir durch den Kopf, die ich einfach niederschreiben musste. Sie flossen mühelos direkt aus meiner Seele und erfüllten mich mit einem Gefühl der Gnade. Ich schrieb darüber, was mit der Welt passierte und was geschieht, wenn wir sterben. Darüber, dass die geliebten Menschen, die wir verloren haben, niemals wirklich von uns gehen. Dass jeder Einzelne von uns von seinem eigenen Team von Engeln und spirituellen Helfern umgeben ist. Oft wachte ich am nächsten Morgen auf, ohne mich daran erinnern zu können, was ich geschrieben hatte.

Im Rückblick sehe ich jetzt, dass ich damals *gechannelt* habe – obwohl vielleicht jede Form von Kreativität nichts anderes als Channeln ist. Botschaften und Ideen warten darauf, von Menschen geboren zu werden, die offen dafür sind, sie zu empfangen.

In den Schulferien begleitete ich Angela manchmal auf ihren Vortragsreisen. Sie sprach darüber, wie kostbar das Leben ist, und dass wir die Menschen festhalten müssen, die uns wichtig sind. Dass wir ihnen sagen müssen, wie sehr wir sie lieben. Ich beobachtete sie voller Bewunderung dabei, wie ihr die Botschaften so mühelos direkt aus dem Herzen flossen.

Ich bete dafür, dass ich eines Tages das Gleiche tun könnte.

Ich war irgendwie aufgeknackt worden, und alle anderen Dinge in meinem Leben schienen keine Rolle mehr zu spielen. Ich investierte das ganze Geld, das ich mit meinen Nebenjobs verdiente, und meine gesamte Freizeit, um etwas über das Leben nach dem Tod zu lernen. Über Seelenbestimmung, Reinkarnationstherapie, Kristalle, Heilung und alles andere, was ich in die Hände bekam,. Und die ganze Zeit über war es, als ob ich mich an etwas erinnerte, das tief in meiner Seele verankert war.

Da ich mich verzweifelt danach sehnte, andere Menschen kennenzulernen, die so dachten wie ich, fuhr ich mit zwei Bussen und einem Zug ans andere Ende von Sydney, um an Sitzungen mit Heilern und Medien teilzunehmen. Ich sog das alles mit zunehmender Begeisterung in mich auf. Mein Hunger danach war nicht zu stillen. Während ich die Seiten durchblätterte und den Lehrern zuhörte, erlebte ich etwas, das man nur als Gefühl des Erinnerns und Nachhausekommens beschreiben kann. Ich hatte das Gefühl, meine Berufung und mein wahres Selbst gefunden zu haben. Doch je mehr ich mich in Verbindung mit mir selbst fühlte, desto isolierter fühlte ich mich von meiner Umgebung.

Ein paar Jahre später, kurz nachdem ich die Highschool abgeschlossen hatte, zog Angela nach England. Ich war am Boden zerstört, weil ich das Gefühl hatte, den einzigen Menschen in meinem Leben verloren zu haben, der mich im Innersten kannte. Das war zu diesem Zeitpunkt sie.

Ich sehnte mich zutiefst nach der Gesellschaft von Gleichaltrigen, mit denen ich meine intimsten Gedanken hätte teilen können. Ich war hin- und hergerissen zwischen zwei Welten: der eines ganz normalen Teenagers – und der immer mehr Raum einnehmenden Welt der Seele und des Geistes.

Schon damals wusste ich, dass ich Bücher schreiben und Dinge erschaffen wollte, um Menschen zu heilen. Aber was wusste ein junges Mädchen, das sich selbst von nichts Schlimmem heilen musste, schon vom Heilen?

Jede Nacht betete ich zu Gott, dass mir etwas richtig Schlimmes zustoßen möge, damit ich einen Grund dafür hätte, mich so zu fühlen, wie ich mich fühlte! Damit ich den Herzen und Seelen anderer Menschen helfen könnte – wozu ich mich berufen fühlte. Ich dachte, wenn ich selbst genug Tragisches durchgemacht hätte, könnte ich wenigstens darüber schreiben. Ich wachte jeden Tag auf und fragte mich, wann die Tragödie eintreten würde. Doch sie kam nie. Das Leben war »gut«, und ich fühlte mich einsamer als je zuvor. Daher ignorierte ich den Ruf meiner Seele und beschloss, mein Licht zu dimmen, um mich anzupassen.

Ich entschloss mich bewusst dazu, meine spirituelle Seite nur noch im Verborgenen auszuleben. Meine metaphysischen Studien hielt ich geheim. Ich wartete auf den Tag, an dem ich endlich das Recht dazu haben würde, von den Dingen zu sprechen, die tief in meinem Inneren stattfanden. Bis dieser Tag kommen sollte, wollte ich alles tief in mir drin behalten.

Δ

»F*** DICH, GOTT!«

Vorspulen auf 2012.

Sechs Monate, nachdem ich von meiner gnadenvollen Erfahrung in Chicago zurückgekehrt war, wurde mir klar, dass ich die noch vorhandenen Reste der Trauer in mir heilen musste. Meine Seele rief mich dazu auf, mit meiner Freundin Robyn zu einem Schweige-Retreat nach Assisi zu fahren.

Wir verbrachten jeden Morgen und jeden Abend in tiefer Meditation und wanderten tagsüber auf dem von Wildblumen gesäumten Franziskusweg. Wir besichtigten Kirchen und genossen das wunderbare italienische Essen (alles andere wäre ja auch unhöflich gewesen!).

Am dritten Abend überkam mich nach der Meditation eine unerwartete, nie gekannte Wut, die aus meinem tiefsten Inneren hochkochte. Da ich unfähig war zu sprechen (sehr frustrierend), schnappte ich mir mein Notizbuch und machte mich auf zu den Hügeln.

Inmitten eines Feldes setzte ich mich auf eine Bank, unter einem vollen Jungfrau-Mond, und schrieb wild drauflos. Es entpuppte sich als Hassbrief an Gott.

Verzweifelt schluchzend, ließ ich alles aus mir heraus. Ich schimpfte und tobte, denn ich wollte wissen: Womit habe ich das alles verdient? Warum funktioniert einfach nichts, egal wie sehr ich versuche, es richtig zu machen und alles zusammenzuhalten? Warum erwartest du von mir, dass ich an dich glaube, wenn du nicht einmal die Eier hast, dein Gesicht zu zeigen?

Ich war stinksauer. Schon als kleines Mädchen war ich felsenfest davon überzeugt, dass Gott und das Universum existierten. Daher fühlte ich mich als »Gläubige« betrogen und allein gelassen. Ich hielt nichts zurück. Unterbrochen von wütenden Schluchzern, zeterte ich seitenlang mit meinem Stift. So heftig, dass ich manchmal das Blatt durchbohrte.

Als ich endlich alles zu Papier gebracht hatte, überkam mich ein überwältigendes Gefühl der Ruhe, und ich hörte auf zu schluchzen. Plötzlich veränderte sich die Energie um mich herum. Ich sah zu, wie sich meine Hand von selbst zu bewegen begann. Während sich meine Hand über das Blatt bewegte, erkannte ich, dass Gott Ihre Antwort an mich schrieb.

Du hast mich darum gebeten, weißt du das nicht mehr?

Du hast gesagt, du kannst deinem Ruf erst folgen, wenn du ein paar Lebenserfahrungen gemacht hast.

Nun hast du deine Lektionen und Geschichten, um die du mich gebeten hast.

Jetzt, Rebecca, ist es Zeit, dich an die Arbeit zu machen.

Auf einmal erinnerte ich mich an all meine Bitten, als ich noch jünger war. Ich verstand, dass man mir mein Leid nicht *antat*, sondern dass man es *für* mich tat. Ich atmete durch, nahm mein Notizbuch und ging zurück in mein Zimmer.

Ich war bereit.

Endlich war ich bereit.

Ich lag im Bett, sah aus dem Fenster in den nächtlichen Sternenhimmel und wusste, dass morgen ein ganz neuer Tag für mich anbrechen würde.

Am nächsten Tag fing ich an, dieses Buch zu schreiben.

Teil II

KNIPSE DEIN LICHT AN

Kehr heim zu dir selbst

DU RENNST
VON RAUM ZU RAUM,
AUF DER JAGD NACH
DER DIAMANTEN-HALS-
KETTE, OBWOHL SIE
BEREITS UM DEINEN
HALS HÄNGT.

RUMI

ERINNERE DICH

Ich bin davon überzeugt, dass jeder Mensch eine Berufung hat, und dass wir alle tief in unserem Inneren wissen, aus welchem Grund wir hier sind. Wir mögen uns vielleicht nicht bewusst an diesen Grund erinnern, aber unsere Seele erinnert sich daran. Und jeden Tag, jede Sekunde, bemüht sie sich nach Kräften, ihn uns wieder in Erinnerung zu rufen.

Während sich unser Leben Stück für Stück entrollt, wird unserem Gedächtnis immer wieder auf die Sprünge geholfen. Wir haben Aha-Momente: *Oh, das fühlt sich vertraut an,* oder *Ich hätte Lust, das öfter zu machen,* oder *Ich wünschte, ich könnte mein ganzes Leben damit verbringen.* Es ist fast so, als ob wir schon einmal hier gewesen wären oder diesen Teil des Films schon einmal gesehen hätten. Unsere Seele kann uns durch unsere Freude und unsere Begeisterung Hinweise geben, Schmetterlinge in unserem Bauch oder einen Drang in irgendeine Richtung.

Solche kleinen Zeichen gibt es andauernd, aber sie sind leicht zu übersehen. Unser Verstand traut ihnen nämlich nicht. Er denkt, dass es doch viel komplizierter sein müsse, als einfach nur dem nachzugehen, was uns Freude macht und zum Leuchten bringt.

Im Jahr 2008 erlebte ich während einer Reinkarnationstherapie-Sitzung den Moment wieder, in dem ich von den Lichträten meine persönliche Mission für dieses Leben erhielt. Ich wurde an einen riesigen, weiten, hellen und weißen Ort gebracht, an dem sich noch viele weitere Seelen versammelt hatten. Obwohl ich keine anderen »Menschen« sah, konnte ich ihre Energie in Form von summenden, gleißend hellen Lichtkugeln sehen und spüren. Man konnte schwer unterscheiden, wo eine Seele aufhörte und die andere anfing. Es war das beste Zusammentreffen, das man sich nur vorstellen kann. Die Atmosphäre war elektrisierend – sie vibrierte vor Vorfreude. Genau wie vor einem Konzert von Beyoncé, Kylie oder Lady Gaga. Manche der anwesenden Seelen waren mir energetisch vertraut, so als ob ich schon früher mit einigen von ihnen inkarniert gewesen wäre.

Als ganze Gruppe erhielten wir dann unseren Auftrag für die bevorstehende Lebenszeit auf der Erde. Man informierte uns, dass wir in dieser Inkarnation die Vernetzung durch die neuen Medien und andere moderne Kommunikationswege nutzen würden, um ein spirituelles Massenerwachen in der westlichen Welt einzuleiten. Viele von uns würden ihre Karriere in unterschiedlichen Bereichen der Medien beginnen, um zu lernen, wie man das Wort ergreift, um eine Art Schwesternschaft gleichgesinnter Frauen und Männer zu bilden – Menschen, die vom göttlich Weiblichen beseelt sind.

Man sagte uns, dass unsere Mission tief in uns verankert sei und dass man uns Menschen und Situationen schicken würde, die uns aus dem Schlummer aufwecken würden, in dem wir uns zu Beginn unseres Lebens befänden. Immer, wenn einer von uns erwachen und sich dazu entschließen würde, hervorzutreten und an seinem Licht zu arbeiten, würde er eine tief verwurzelte Erinnerung in einem anderen von uns wecken. Ganz gleich, wie weit wir körperlich voneinander entfernt wären.

Sobald wir erwacht wären, würde sich etwas in uns verändern. Wir würden dem nachgehen, was uns zum Leuchten bringt, und dadurch die Welt um uns herum ebenfalls zum Leuchten bringen. Auf diese Weise würden wir eine Kettenreaktion des Massenerwachens in Gang setzen. Anschließend erhielte jeder von uns Informationen zu seinem gewählten Leben und seiner persönlichen Mission.

Ich könnte nicht sagen, ob 100 oder 100.000 Seelen mit mir dort waren, denn eigentlich hat es sich so angefühlt, als ob wir alle eins wären. Und natürlich waren (und sind) wir das auch – eine große Armee des Lichts. Wenn du das gerade liest: Wer weiß, ob du nicht auch dabei warst?

ARBEITE AN DEINEM LICHT

Woran will dich deine Seele erinnern?

WILLKOMMEN IM ZEITALTER DES LICHTS

Willkommen im Zeitalter des Lichts!

Jetzt ist es ungefährlich, zu leuchten.

Kannst du dir vorstellen, dass sich ein Teil von dir danach sehnt, richtig hell zu strahlen?

Ein Teil von dir, der sich nicht von der Angst ausschalten lässt und der genau weiß, wozu er hier ist?

Ein Teil von dir, der bereit ist, vorzutreten, die Führung zu übernehmen, voll und ganz gesehen zu werden? Wirklich gesehen zu werden?

Ein Teil von dir, der bereit ist, das zwanghafte Streben aufzugeben und sich dafür voll und ganz vom Universum unterstützen zu lassen?

Es gibt einen einzigartigen Funken in dir, ein breites, leuchtendes Spektrum. Ein ultraviolettes Feuer, das unterdrückt, abgewiegelt, verlassen, erstickt und abgelehnt wurde. Doch es brennt immer noch.

Mit jedem neuen Tag, und mit jedem von uns, der sein Licht entfacht, lassen wir die düsteren Zeiten hinter uns und machen einen großen Sprung ins Zeitalter des Lichts. Das ist eine Zeit in der Geschichte unter der Führung des Geistes, die nicht mehr vom Ego kontrolliert wird.

Indem wir einer nach dem anderen unser Licht anknipsen, zeigen wir den anderen, dass es jetzt gefahrlos möglich ist.

Aus dem Versteck zu kommen. Das Schweigen zu brechen.

Durch die Schatten zu scheinen und unser inneres Licht in all seiner authentischen Pracht zu offenbaren.

Willkommen im Zeitalter des Lichts!

DU BIST AUS EINEM BESTIMMTEN GRUND HIER

»Vergiss niemals, was du wirklich bist. Du bist lichtvoller, bewusster Sternenstaub, geschmiedet im Schmelztiegel des kosmischen Feuers.«

Deepak Chopra

Wir alle gehören zu einer Gruppe von Seelen, die zugestimmt haben, zu dieser Zeit in der Geschichte hier zu sein. Wir sind ein Übergangs team, dazu bestimmt, Leuchtfeuer zu sein. Unsere Lichtstrahlen gehen aus dem Schatten des Patriarchats (unter dem Joch des Egos) ins Zeitalter des Lichts (das unter der Führung der Quelle und des göttlich Weiblichen steht).

Du bist eine hochgradig bewusste Seele, und das sind noch nicht alle Seelen auf der Erde. Das heißt nicht, dass du besser oder schlechter bist als andere. Du bist nur eine andere Manifestation von Energie, und deine Seele hat eine andere Entwicklung hinter sich. Vielleicht fühlst du dich manchmal sehr allein, weil du tief in deinem Herzen weißt, dass nicht alle so sind wie du. Du fühlst dich isoliert, weil du dein wahrstes, größtes und strahlendstes Selbst vielleicht noch vor der Welt versteckst.

Du hast hart daran gearbeitet, deine Schwingungen zu erhöhen, und bist jetzt dazu aufgerufen, richtig loszulegen. Du hast schon mehr Welten kennengelernt als nur diese eine. Du hast in anderen Dimensionen und auf anderen Planeten gelebt, jeweils inkarniert als unterschiedliche Ausdrucksformen deines wahren Wesens. Du bist gleichzeitig unendlich und eins.

Du bist sowohl auf authentische Weise einzigartig als auch Teil des größeren Ganzen.

Du bist hier, um die Menschen daran zu erinnern, dass es okay ist, ganz zu sein. Es ist okay, dein Licht leuchten zu lassen. Es ist okay, *du* zu sein, ohne dich dafür zu entschuldigen. Eigentlich ist es sogar mehr als okay – es ist notwendig, um zu wachsen und zu gedeihen. Aber du musst vorangehen.

Je früher du zu der größeren, authentischeren Version deiner selbst emporsteigst, desto eher werden sich deine Befürchtungen zerstreuen und deine Sorgen verblassen. Desto eher wird sich das Leben dir zuwenden, und desto mehr wirst du mit dem Leben im Fluss sein.

Du bist bereits ganz und vollständig. Warum sträubst du dich gegen das, was du bist?

Je mehr du zu dir selbst wirst – und je mehr Zeit du damit verbringst, einfach zu sein, anstatt etwas zu tun, um zu sein –, desto früher wirst du eine Unterstützung erfahren, die deine kühnsten Träume übersteigen wird. Und du *wirst* unterstützt werden.

DU BIST LICHT

Deine Seele ist ein einzigartiger Ausdruck des Lichts von der Quelle, sorgsam geformt durch deine individuellen Erfahrungen, die du von Leben zu Leben gemacht hast. Sie ist perfekt gestaltet, um den wunderbaren Haufen von Atomen zu bilden, der *du* bist.

Auch dein Körper besteht aus Licht. Jede Zelle in deinem Körper gibt in jeder Sekunde Licht ab. Dein einzigartiges Bewusstsein strahlt bei jedem Gedanken *Biophotonen* aus. Von welcher Seite man es auch betrachtet – du bist aus Licht gemacht.

Du BIST Licht

Unser Licht leuchten zu lassen, ist im Grunde unser natürlichster Zustand. Wenn wir mit unserem inneren Licht verbunden sind, dann sind wir mit dem Licht des Universums verbunden.

Es gibt mehr als genug Platz für uns alle, damit wir uns ausdehnen und zu unserer vollen Größe anwachsen können. Wir alle sind Noten in der schönsten Symphonie, die es gibt. Wir wurden dazu geboren, um gemeinsam unser Licht zu entfachen und zu wachsen.

Wenn wir uns mit der Quelle verbinden, brauchen wir keine äußerlichen Dinge, die uns erfüllen. Die Energie der Quelle (das universelle Licht) ist unbegrenzt. Sie geht nie zur Neige. Es ist genug für uns alle da. Dort kommen wir her, und dort gehen wir wieder hin. Wenn du dich an diesen unerschöpflichen Kraftquell anschließt, bist du wieder im harmonischen Fluss mit dem Universum und erhöhst gleichzeitig die Schwingungen des Planeten. Wenn du dein Licht leuchten lässt, berührst du die Schlafenden wie die Morgensonne und bringst sie dazu aufzuwachen.

ICH BIN LICHT.

△

DEIN AUTHENTISCHES SELBST IST DEIN LICHT

Es findet gerade ein Wandel statt, und alles, was nicht authentisch ist, wird ihn nicht überstehen. Alles in unserem Leben, was uns nicht dient, bricht weg. Beziehungen, Jobs, gesellschaftliche Strukturen und alles andere, was auf wackligen Füßen steht, stürzt ein. Das geschieht, um uns zurückzubringen zu dem, wer wir wirklich sind. Damit wir ein Leben führen können, das in Einklang damit steht, wer wir wirklich sind und wer wir in diesem Leben sein sollen. Doch wenn man noch mitten in diesem Umbruch drinsteckt, können sich diese Veränderungen wie ein persönlicher Angriff des Universums anfühlen.

Es ist, als ob wir dazu aufgerufen würden, dafür zu sorgen, dass das Leben, das wir uns aufbauen, wirklich das Selbst widerspiegelt, zu dem wir berufen sind. Es muss den Schwingungen unserer Seele entsprechen. Wenn das nicht der Fall ist, stürzt das Fundament immer wieder ein, bis Schwingungsentsprechungen auf Seelenebene hergestellt sind.

Unsere Seele wartet nur darauf, uns zu führen. Jetzt ist es wichtiger als je zuvor, dass wir uns auf sie einstimmen und auf ihren Ruf hören. Und sie ruft immer nach uns. Damit wir wieder nach Hause finden und mit uns selbst in Einklang kommen. Anstatt Erfüllung, Liebe, Sinn und Freude bei Menschen und Dingen außerhalb von uns selbst zu suchen, weil wir damit die klaffende Leere in uns zu füllen versuchen.

Unser authentisches Selbst ist unser Licht. Unsere Seelenaufgabe besteht darin, es anzunehmen. Doch dabei kann man nicht einfach so tun, als ob alles schön und gut wäre.

Die hellste Kerze wirft den größten Schatten.

Durch diesen Schatten hindurchzugehen, ist oft schwer, aber am Ende lohnt es sich.

BRIEF NUMMER 1 AN EINEN LICHTARBEITER

Ich glaube, du bist mit einem tiefen inneren Wissen in dieses Leben gekommen. Du weißt, wozu du hier bist und was du hier tun sollst. Und du verfügst über ein inneres Leitsystem, damit du es umsetzt.

Damit meine ich keinen haarklein vorausgeplanten Lebensweg samt Bedienungsanleitung, sondern das unerschütterliche, tief verankerte Wissen, dass du aus einem ganz bestimmten Grund hier bist. Das Wissen, dass es wichtige Arbeit für dich zu tun gibt und dich das Universum dabei unterstützt.

Ich glaube, du wirst immer das Gefühl haben, als ob etwas in deinem Leben fehlt und du etwas vergessen hast, bis du diesem Ruf folgst. Womit du dieses Gefühl auch betäuben willst, es ist da. Die einzige Möglichkeit, es zum Verstummen zu bringen, ist, deinem Ruf zu folgen.

Ich glaube, deine Botschaft ist so tief in dir verankert, dass du manchmal nur schwer begreifen kannst, dass nicht alle so denken wie du. Aber das tun sie nicht.

Ich glaube, du hast dir deine Eltern ausgesucht. Ganz gleich, wie streng oder nachgiebig, reich oder arm, hell oder düster, alt oder jung, an- oder abwesend, liebevoll oder besorgt sie waren: Du hast sie bewusst gewählt. Und durch diese simple Wahl wurdest du genau an den richtigen Ort gesetzt, hast genau das bekommen, was du brauchtest. Um emporzusteigen, zu dir selbst zu reifen und zu deinem höchsten, authentischsten Selbst zu werden. Um deinen Platz einzunehmen.

Ich glaube, deine Tragödien, Verluste, Sorgen und Leiden wurden dir nicht *angetan*, sondern *für* dich getan. Und ich segne alles, was dich niedergedrückt, aus der Bahn geworfen und letztlich aufgeknackt hat, denn die Welt braucht dich ohne schützende Schale und offen.

Ich glaube, bei Lebenslektionen geht es weniger darum, alles richtig zu machen, als Fehler zu machen und daraus zu lernen.

Ich glaube, du bist bereits weiter auf dem richtigen Weg, als du meinst, selbst wenn du gerade gar nicht das Gefühl hast. *Besonders*, wenn du gerade nicht das Gefühl hast. Denn je weiter du vom Weg abkommst, desto näher bist du daran, den falschen Weg zu verlassen und den richtigen einzuschlagen.

Ich glaube, du bist schon näher dran, als du denkst, und viel besser geeignet, deine Botschaft zu überbringen, als du es dir jemals vorstellen könntest.

Ich glaube, die Dinge, die du andere lehren sollst, sind genau die Dinge, die du selbst am nötigsten lernen musst. Die besten Lehrer haben selbst am härtesten zu kämpfen. Denn wenn sie es abbekommen, dann meistens richtig.

Ich glaube, bei der Dunkelheit handelt es sich um einen Geburtsprozess. Du musst dich erst durch die Schatten deines Egos hindurchwagen, um dein Licht zu finden.

Ich glaube, um ein Licht in der Welt zu sein, musst du erst zu dem Selbst heimkehren, das du wirklich bist. Und es dann mutig allen um dich herum zeigen.

Ich glaube, du bist von einem persönlichen Team von Engeln, Helfern und Lehrern umgeben, die sowohl im Diesseits als auch aus dem Jenseits über dich wachen. Die sich so hingebungsvoll deinem Wachstum widmen, dass du dir, wenn du es nur wüsstest, ab sofort keine Sorgen mehr machen würdest, ob alles klappt. Und wenn du alles aus ihrer Perspektive sehen könntest, dann würdest du jede neue Herausforderung freudig begrüßen.

Ich glaube an dich. An uns. Und an all das hier.

Und so ist es.

DEIN LICHT IST ANSTECKEND

In dir brennt ein Licht, das sich danach sehnt, von den Menschen in deinem Umfeld – ja auf der ganzen Welt – geteilt zu werden. Am meisten aber von dir selbst.

Wenn du andere an deinem einzigartigen Licht teilhaben lässt, erleuchtest du nach und nach das Leben der Menschen um dich herum.

Einen nach dem anderen inspirierst du, ebenfalls sein Licht leuchten zu lassen.

Es ist eine Kettenreaktion.

Auf diese Weise wird bald die ganze Welt leuchten.

Dein Licht ist ansteckend.

WAS, ZUM HENKER, IST EIN LICHTARBEITER?

Jeder, der sein Leben der Aufgabe widmet, ein helles Licht in dieser Welt zu sein, ist ein Lichtarbeiter. Er oder sie weiß, dass seine Handlungen (ob groß oder klein) die Schwingungen des Planeten erhöhen können. Die Seele eines Lichtarbeiters ist erwacht. Sie ist sich dessen bewusst, dass ihre Anwesenheit eine Rolle spielt und dass sie Teil von etwas Größerem ist.

Nicht alle Lichtarbeiter sind in Batik gekleidete Hippies oder Heilerinnen mit Dreadlocks. Weit gefehlt. Sie sind Lehrerinnen und Köche, Schriftsteller und Sängerinnen, Produzenten und Reinigungskräfte, Mütter und Hellseher, Creative Director und Kaftan-Designerinnen. Man trifft sie im Country Club und in der Bar, im Café und im Klassenzimmer, in der Vorstandsetage und im Zeichensaal.

Ein Lichtarbeiter ist jemand, der sich bewusst dafür entscheidet, eher dem Ruf der Quelle (des Lichts) zu folgen als dem Ruf des Egos (der Furcht).

Es gibt zwei Arten von Energie auf diesem Planeten: Licht und Dunkel.

Die Lichtenergie ist unbegrenzt und kommt von der Quelle. Sie hat sehr hohe Schwingungen, dehnt sich aus, ist positiv und voller Liebe. Dunkle Energie ist viel dichter. Sie bedeutet Manipulation, Machtkampf und Angst. Sie betrachtet uns alle als getrennt voneinander, statt als spirituelle Wesen, die miteinander in Verbindung stehen. Sie schwimmt gegen den Strom des Universums.

Lichtarbeiter entfachen ihr Licht, indem sie dem nachgehen, was sie zum Leuchten bringt. Sie lassen die Welt um sie herum mühelos an ihrem Licht teilhaben. Sie sind im Einklang mit dem Ruf ihrer Seele und handeln danach. Trotz aller Ängste, die sie haben mögen. Sie wollen niemanden von etwas überzeugen, sondern einfach nur »das Licht sein«.

Auch wenn manche Lichtarbeiter, die zurzeit leben, bewusst mit der Mission inkarnierten, zu dienen (und dies schon seit vielen Leben), gibt es zahlreiche Seelen, die sich gerade erst bewusst werden, dass sie dazu aufgerufen sind, von Nutzen zu sein.

Jeder, der sein Leben der Aufgabe widmet, ein helles Licht in dieser Welt zu sein, ist ein Lichtarbeiter.

Man muss dazu nicht erst irgendwelche elitären Tests bestehen oder eine Seminararbeit einreichen. Alles, was nötig ist, ist der Wunsch, mit dem eigenen inneren Licht in Verbindung zu treten und der Welt zu dienen.

Ich nenne das »am eigenen Licht arbeiten«.

Indem du dieses Buch liest, arbeitest du bereits an deinem Licht. Indem du tust, was du gerne tust, arbeitest du an deinem Licht. Indem du an etwas Höheres denkst, wenn du schlechte Laune hast, arbeitest du an deinem Licht. Indem du jemanden ermunterst, anstatt ihn zu kritisieren, arbeitest du an deinem Licht. Indem du andere an deinen einzigartigen Gaben teilhaben lässt, arbeitest du an deinem Licht. Indem du dich mit dem unerschöpflichen Vorrat an Liebe im Universum verbindest, arbeitest du an deinem Licht. Indem du dir selbst treu bleibst, arbeitest du an deinem Licht. Indem du freundlich und mitfühlend bist, arbeitest du an deinem Licht.

Definition eines Lichtarbeiters: Jemand, der sich von ganzem Herzen dazu entschließt, die Welt durch seine Anwesenheit zu einem besseren Ort zu machen. Je bewusster wir werden, desto höher sind unsere Schwingungen – und desto mehr sind wir im Einklang mit der Quelle. Je bewusster wir werden, desto besser erkennen wir, wie alles miteinander verbunden ist, und dass wir Teil eines größeren Ganzen sind.

Viele Lichtarbeiter stellen mit zunehmendem Bewusstsein fest, dass sie in energetischer Hinsicht sensibler werden und die Gefühle, die

Energie und die Gedanken anderer Menschen auffangen. Vielleicht fällt es dir plötzlich schwer, die Nachrichten oder gewalttätige Filme anzusehen. Es könnte auch sein, dass alte Beziehungen, die auf Manipulation, Kontrolle und Angst beruhen, wegfallen, wenn du keine energetische Entsprechung mehr für den anderen bist. (In Teil III lernst du zahlreiche praktische Techniken kennen, um deine Energie zu schützen, dich weiter geerdet und unterstützt zu fühlen.)

Wir haben nun schon lange Zeit in einem größtenteils unbewussten Zustand verbracht. Damit Mutter Erde überleben kann, brauchen wir ein globales Erwachen. Dieses Erwachen hat bereits begonnen.

Ich glaube, du bist eine der Seelen, die dafür den Weg bereiten wollen.

DIE DOPPELMISSION

Lichtarbeiter haben eine Doppelmission: ihr eigenes Bewusstsein und das Bewusstsein des Planeten zu erhöhen.

Lichtarbeiter-Seelen, die sich dieser Doppelmission (oder Doppelberufung) noch nicht vollkommen bewusst sind, haben oft ein nagendes Gefühl, das sie nicht leicht abschütteln können. Ein seltsames, unerklärliches Gefühl, dass sie irgendetwas Wichtiges vergessen und ihnen die Zeit davonläuft.

Viele Lichtarbeiter haben Angst davor, sich »spirituell zu outen« und sich offen vor anderen zu zeigen. Das liegt oft daran, dass sie in früheren Leben abgelehnt oder bestraft wurden, wenn sie die Wahrheit gesagt haben und emporgestiegen sind.

Sobald sie einmal erwacht sind, fällt es den meisten Lichtarbeitern schwer, belanglose Unterhaltungen zu führen, in bedeutungslosen Jobs oder Beziehungen zu verharren. Es ist, als ob sie intuitiv wüssten, dass es noch viel mehr im Leben gibt. Daher verspüren sie ständig den Drang, sich mit diesem »Mehr« zu umgeben und sich endlich an die Arbeit zu machen. Sie finden keine Ruhe, bis sie ihrer Berufung folgen und dem nachgehen, was sie zum Leuchten bringt. Das heißt: ihr authentisches Licht auf ihre ganz individuelle Weise leuchten zu lassen.

Viele Lichtarbeiter verwechseln ihre Berufung mit ihrem Beruf. Dabei ist es eigentlich viel einfacher. Unsere Seele ruft ständig nach uns.

Wir folgen unserer Berufung, indem wir das tun, was uns zum Leuchten bringt.

Bevor du auf diesem Planeten inkarniert bist, hast du dir sorgfältig deinen Körper, deine Familie, deine Stadt, dein Umfeld und die Erfahrungen ausgesucht, die du machen willst. So hast du dir eine perfekte Umgebung geschaffen. Die Bedingungen können glücklich oder weniger glücklich gewesen sein. Doch wie sie auch waren, sie wurden gewählt, damit du die perfekten Erfahrungen machst, um die Welt irgendwann auf deine eigene, einzigartige Art zum Leuchten zu bringen.

Lichtarbeiter sind über den ganzen Planeten verstreut, bis in den letzten Winkel. Jeder Einzelne davon dient der Welt, sobald er einmal erwacht ist. Er tut das, indem er ganz er selbst ist.

Die Stadt, in der du lebst, das Leid, das du durchgestanden hast, die Ausbildung, die du erhalten hast, das Klassensystem, in das du hineingeboren wurdest, die Eltern, die dich empfangen haben, und die Menschen, die dein Herz berührt haben: All das schuf die perfekten Bedingungen für dich. Damit du die Welt um dich herum auf genau die Art und Weise zum Leuchten bringen kannst, zu der nur du allein in der Lage bist.

DEINE SEELENAUFGABE

»Das Eine, was du im Leben zu tun hast.
Sei ein Leuchtturm.«

YOGI BHAJAN

Solange ich zurückdenken kann, hatte ich es eilig, erwachsen zu werden und mich meiner Seelenaufgabe zu widmen. Als ich noch klein war, war meine Lieblingsfrage: »Wo gehen wir heute hin?« Schon damals suchte ich nach diesem Etwas, von dem ich wusste, dass ich es finden musste. Von Kindesbeinen an auf der Suche nach der perfekten schwarz-weißen Antwort auf die Frage: Was ist meine Bestimmung?

Ehrlich gesagt, setzte mich die Sache mit der Bestimmung ziemlich unter Druck. Es fühlte sich an wie eine schwere Entscheidung, wie ein Damoklesschwert, das über mir hing, bis ich mich endlich aufraffen würde. Aber ich war wie gelähmt vor Angst, dass ich mein Leben verpassen oder mich irren könnte. Je weiter ich in meiner Karriere vorankam, desto gefangener fühlte ich mich.

Ich suchte überall nach dem »perfekten Ding«, das ich tun könnte, um die Welt durch meine Anwesenheit ein bisschen heller zu machen. Jahrelang wartete ich darauf, dass mir ein perfekt ausgearbeiteter, zielgerichteter Plan wie durch ein Wunder zur Gänze offenbart würde, mir einfach so in den Schoß fiele. Und wenn ich tatsächlich einmal einen halbwegs klaren Blick darauf erhaschte, was dieses Ding sein könnte, sollte mir eine andere Person bestätigen, dass ich richtig lag. Und mir dann die Erlaubnis geben, es weiterzuverfolgen.

Ich war *so* in meinem Kopf gefangen. Ich überlegte hin und her, wog ab und hinterfragte alle Möglichkeiten, wie gelähmt vor Angst, dass ich die falsche wählen könnte. Ich war unfähig zu handeln und wartete darauf, dass mir »der große G« selbst seinen Plan hinunterreichen würde, bevor ich mich auf den perfekten Weg machte. Ich glaubte, es gehe darum, etwas *anzustreben* und etwas zu *tun*. Nicht darum, etwas zu *sein* und zu *verkörpern*.

Durch meine falschen Vorstellungen, die vergeudete Zeit und die vielen Frauen, mit denen ich gearbeitet habe (und die ebenso fühlten wie ich), bin ich zu dem Schluss gekommen, dass unsere Seelenaufgabe im Grunde auf zwei simple Dinge hinausläuft:

1. Sei das Licht

Um »das Licht zu sein«, musst du die Dinge tun, die dich zum Leuchten bringen, damit du dich dem Leben erfüllt und ganz zuwenden kannst. Du brauchst keinen bestimmten Job, um »das Licht zu sein«. Eigentlich brauchst du dazu überhaupt keinen Job. Du kannst im Supermarkt »das Licht sein«. Du kannst »das Licht sein«, während du kochst. Du kannst bei der langweiligsten Telefonkonferenz der Welt »das Licht sein«. Du kannst »das Licht sein«, während du deinen *Facebook*-Status aktualisierst. Du kannst »das Licht sein«, wenn du für eine Freundin da bist oder einen Fremden anlächelst.°°

2. Sei ganz du selbst

Es gibt keinen perfekten Weg, nur ein perfekt authentisches Du – voller Widersprüche, aber einzigartig und reich an Gaben. Es ist dein Du-sein, mit dem du die Welt durch deine Anwesenheit wirklich heller machen kannst. Dein Du-sein hat sich in vielen Leben entwickelt. Es setzt sich zusammen aus deinen Fehlern, deinen Eigenarten, deinen Marotten, der Geschichte deiner Vorfahren, deinem Humor und deinen Unzulänglichkeiten. Dein Licht und deine Botschaft dringen immer durch, welchen Weg du auch wählst. Dein authentisches Selbst tritt in Erscheinung, wenn du dem nachgehst, was dich zum Leuchten bringt. Mit anderen Worten: Wenn du das tust, was du gerne tust. Und dann tu es so, wie nur du es tun kannst.

Unsere Seele ruft uns immer zu dem auf, was uns zum Leuchten bringt.

Unser Ego gaukelt uns vor, dass es doch viel komplizierter sein müsse. Es kann nicht begreifen, dass es so einfach ist: bloß dem zu folgen, was uns zum Leuchten bringt. Doch wenn wir immer wieder tun, was wir lieben, stolpern wir über unsere Berufung, ohne es überhaupt zu bemerken. Wenn wir ganz in unserer Tätigkeit aufgehen, treten wir uns selbst aus dem Weg und ermöglichen es dem Licht, durch uns hindurchzuscheinen.

Und das fühlt sich einfach fantastisch an.

Ich habe jahrelang herauszufinden versucht, was meine Bestimmung ist. Ich wollte sie in eine Schachtel stecken, mit einem perfekten Schritt-für-Schritt-Plan, bevor ich es auch nur in Erwägung zog, den Sprung zu wagen. Ich habe meine Stärken betrachtet, meine Gaben aufgelistet und die Botschaft zu entschlüsseln versucht, die meine Seele mir mitteilen wollte. Aber ich hielt mich immer noch zurück, nur, weil ich nicht jeden kleinen Schritt auf meinem Weg vorhersehen konnte. Ich wollte das Endergebnis kennen, bevor ich den ersten Schritt tat. Alle möglichen Bestimmungen und Berufungen kreisten in meinem Kopf, doch ich folgte keiner Einzigen davon. Ich wartete darauf, dass mich das Universum anrief und sagte: *Hier, Mädchen, das ist deine Bestimmung.*

Es ist geradezu lächerlich, wie lange ich hin und her überlegte, ob ich Autorin, Schauspielerin, Lebensberaterin, Heilerin, Künstlerin, Regisseurin oder Modedesignerin werden wollte. Dabei spielt es überhaupt keine Rolle, ob ich Bücher schreibe, Kuchen backe, Filme drehe, Cowboystiefel entwerfe oder auf einem Klavier Stepptanz mache.

Es ist völlig egal, ob ich Fotos mache, Reden halte, ein Land regiere, Kinder unterrichte, Bilder male, Komödien schreibe oder eine TV-Show moderiere! Solange es mich zum Leuchten bringt, bringe ich mein eigenes, einzigartiges Licht in alles hinein, was ich tue. Wichtig ist einzig und allein, das, was dich zum Leuchten bringt, immer wieder zu tun und das Licht authentisch durch dich hindurchscheinen zu lassen.

Folge der Spur der Dinge, die dich zum Leuchten bringen, und geh ganz darin auf, wenn du sie tust. Schon bald wirst du dich mitten in deiner Bestimmung wiederfinden. Und in dem Leben, zu dem du berufen bist.

ARBEITE AN DEINEM LICHT

Wartest du auf ein perfektes Zeichen vom Universum, das dir sagt, was deine Seelenaufgabe ist? Worin gehst du völlig auf, weil du es so gerne tust?

DIE MENSCHEN
KAMEN VON WEITHER,
UM SICH IN IHREM
LICHT ZU SONNEN.

△

DU ARBEITEST SCHON VIELE LEBEN LANG AN DIR

Du zählst viel mehr als die Tage, die du in diesem Leben geatmet hast. Du bist auch alle Leben, die du früher gelebt hast. Du bist männlich und weiblich, homo- und heterosexuell, schwarz und weiß, selbstbewusst und schüchtern, dick und dünn, groß und klein, ein Führer und ein Mitläufer. Und noch viel mehr. All diese Erfahrungen haben deine Seele zu ihrer schönsten Ausprägung geformt: zu deinem authentischen Selbst.

Du = vollkommenes Meisterwerk

Deine Seele hat viele Facetten. Stell dir einen Fingerabdruck vor. Deine Seele ist noch viel verschlungener. Wenn du alle Fingerabdrücke der Menschen zusammennimmst, die du bereits gewesen bist, kannst du immer noch nicht erahnen, was für ein einzigartiges Meisterwerk du bist. Du arbeitest schon viele Leben lang an dir.

Aus diesem Grund scheinen Hunde schon als Welpen eine eigene Persönlichkeit zu haben. Diese Persönlichkeit ist das Licht, das durch ihre wunderbare, einzigartige kleine Seele scheint. Ein Teil von ihnen hat schon weitaus mehr erlebt als die wenigen Tage seit ihrer Geburt.

Du kamst voller Wissen hierher. Du kamst mit einer Weisheit, die über deine Jahre, Monate, Wochen und Tage hinausgeht. Das ist der Teil von dir, der gesehen werden will. Das ist der Teil von dir, der hier und jetzt bereit ist, das Licht durch dich hindurchscheinen zu lassen und in Erscheinung zu treten.

ARBEITE AN DEINEM LICHT

Setz dich bequem hin, leg dir die Hand aufs Herz und schließ die Augen. Atme tief ein und aus und lass dich in den Raum deines Herzens hineinsinken, in dem deine Seele zu Hause ist. Verweile dort. Stell dir einen facettenreichen Kristall im Zentrum deines Herzens vor, der sich langsam im Kreis dreht. Das ist der unsterbliche Teil von dir, der Fingerabdruck deiner Seele. Während sich dieser Kristall langsam dreht, nimm die ganze Weisheit und herrliche Schönheit in dich auf, die du bist.

Frag deine Seele:

Welchen weisen Rat hast du für mich, der mir genau jetzt helfen kann?
Welcher Teil von mir möchte genau jetzt nach vorn treten?
Welcher Teil von mir ist bereit, ans Licht zu kommen?

DAS EGO GLAUBT,
DASS WIR ALLE
VONEINANDER GETRENNT
SIND UND ALLEIN DURCHS
LEBEN GEHEN.
DIE SEELE GLAUBT,
DASS WIR ALLE
MITEINANDER
VERBUNDEN UND DAHER
NIEMALS ALLEIN SIND. DAS
UNIVERSUM GLAUBT,
DASS SICH DAS EGO
IRGENDWANN EINSAM
FÜHLEN UND AUF DIE
SEELE HÖREN WIRD.

Δ

DAS EGO, DIE SEELE UND DER GEIST

Wir sind göttliche Wesen, die eine menschliche Erfahrung machen. Wir sind hier, um zu wachsen, um uns weiterzuentwickeln und dann wieder zurück zur Quelle zu reisen. Manchmal kann uns dieses menschliche Leben viel Glück und Freude bescheren. Und manchmal ist es einfach nur schwer, ein spirituelles Wesen in einem menschlichen Körper zu sein.

Es ist extrem hilfreich, die Stimmen unseres Egos, unserer Seele und unseres Geistes auseinanderhalten zu können, wenn es darum geht, unserem höchsten Ruf zu folgen.

Das Ego (unser menschliches Selbst)

Unser Ego ist der menschliche Teil in uns, der sich selbst als getrennt von allem anderen betrachtet. Er teilt die Welt ein in »ich« versus »sie«. Im Buch *Ein Kurs in Wundern* wird das Ego verglichen mit »Sonnenstrahlen, die glauben, separat von der Sonne zu existieren«, oder »Wellen, die glauben, separat vom Meer zu existieren«. Dabei sind wir alle Strahlen von derselben Sonne und Wellen vom selben Meer.

Das Ego läuft oft im Angstmodus. Es ist unser innerer Kritiker, Richter und Opfer. Es ist der Tyrann, der sich immer im Recht fühlt und alle Antworten zu haben glaubt. Getrieben von der Furcht, dass »alle hinter mir her sind« und »nicht genug für alle da ist«, betrachtet das Ego die Welt als ungerechten und unsicheren Ort. Es fällt ihm schwer, anderen zu vertrauen. Es lebt in der Vergangenheit, *liebt* Dramatik und tut sich oft und gerne selbst leid. Dem Ego gefällt es, wenn etwas schwierig ist, denn es glaubt, dass wir »arbeiten« müssen, um unsere Berufung zu finden (falls wir überhaupt jemals dieses Glück haben).

Das Ego wird von einer grundlegenden Furcht getrieben, die jene Linse färbt, durch die wir die Welt sehen. Wenn wir vom Ego beherrscht werden, werden wir durch unsere Ängste bestimmt. Und wenn wir in einer Welt voller Angst leben, dann treten wir nie aus unserem Schatten heraus.

Wir dürfen nicht vergessen, dass wir unser Ego brauchen, um auf diesem Planeten zu überleben. Unser Leben ist jedoch mehr im Fluss, wenn unser Ego dem Ruf unserer Seele dient und ihn unterstützt.

Die Seele (unser uraltes Selbst)

Die Seele ist der Teil von uns, den wir von Leben zu Leben weitertragen. Sie ist unser uraltes Selbst, das tief und innig in uns verankert ist. In ihr hat sich alle Weisheit aus den Zeitaltern angesammelt, in denen du bereits gelebt hast. Außerdem finden sich dort die einzigartigen Gaben, die du dir im Laufe all deiner Leben angeeignet hast.

Jedes Leben und jede Erfahrung fügt etwas zu deinem authentischen Fingerabdruck hinzu. Zwar besitzt die Seele große Weisheit durch die gelernten Lektionen, doch sie kann auch Traumata und daraus resultierende Verhaltensmuster aus früheren Verletzungen mit sich tragen. Leben für Leben treiben wir die Entwicklung unserer Seele voran, mit dem Zweck, zu unserem wahren Wesen (unserem göttlichen Selbst) zurückzufinden.

Wenn einer meiner Klienten in der dunklen Nacht seiner Seele zu mir kommt, kann ich das nur feiern. Ein schwerer Verlust, Liebeskummer oder eine tiefe Krise bewirken, dass das Ego seinen Griff etwas lockert und zugibt, nicht auf alles eine Antwort zu haben. Das öffnet einen Spalt, durch den das Licht des göttlichen Selbst (des Geistes) hereinströmen kann.

Der Geist (unser göttliches Selbst)

Der Geist ist unsere göttliche Verbindung zur Quelle. Er ist der Teil von uns, der mit allem im Universum in Verbindung steht. Er ist das Funkeln in unseren Augen, das Federn in unserem Schritt, der Sonnenschein auf unserem Gesicht. Er ist der Teil von uns, der weiß, dass wir ganz und vollständig sind. Er ist Gnade. Er ist unser höheres Selbst. Er ist Gott. Er ist pures Licht.

Wenn sich unser Herz einen Spalt weit öffnet, wird Platz geschaffen, sodass unsere Seele durchkommen kann. Wenn sich unsere Seele einen Spalt weit öffnet, ermöglicht sie es der Gnade des Geistes durchzukommen. Wenn unser Geist, unsere Seele und unser Ego harmonisch zusammenarbeiten, kann das Licht des Geistes (der Quelle) durch unsere einzigartige Seele, unseren Körper und unseren Verstand fließen. Dann sind wir wirklich dazu in der Lage, so an unserem Licht zu arbeiten, wie nur wir es können.

△

DU BIST GÖTTLICH

Du bist göttlich in jedem Sinne des Wortes: ein Ausdruck der Energie der Quelle – Licht in menschlicher Form. Das Ego lässt uns glauben, dass wir von der Quelle – und voneinander – getrennt seien. Dass wir hart arbeiten müssten, um zu unserer Ganzheit zu finden, unsere Bestimmung zu erkennen und geliebt zu werden. Und wenn wir genug Glück haben, all das zu finden, halten wir lieber nach Kräften daran fest. Aus Angst, dass wir es wieder verlieren könnten.

Diese Verleugnung unseres göttlichen Wesens bringt uns dazu, endlos außerhalb von uns selbst zu suchen. Wir setzen auf andere, um Liebe zu empfinden. Wir suchen uns etwas außerhalb von uns selbst, das wir anbeten können. Wir warten darauf, dass andere Leute uns die Erlaubnis geben, zu leuchten oder uns vollständig zu fühlen.

Da wir bereits alles sind, wonach wir suchen, brauchen wir unseren Blick nur nach innen zu richten. Ganzsein, Glück und Liebe sind unser Geburtsrecht. Als du noch ein Baby warst, hat kein Teil von dir daran gezweifelt, dass du ganz bist. Darum hast du die Welt zum Leuchten gebracht, ohne dich im Geringsten darum zu bemühen.

Liebe, Licht, Weisheit, Glück und Ganzsein lassen sich jederzeit »anzapfen«. Denn sie sind das, was du in deinem Innersten bist. Und sie warten nur darauf, dass du sie zu dir hereinlässt.

MANTRA

Ich bin verbunden mit dem niemals endenden Strom des Lichts.
Alles, wonach ich suche, ist bereit, genau jetzt
durch mich hindurchzufließen.

DAS UNIVERSUM
DEHNT SICH IMMER
WEITER AUS.
DU BIST TEIL DES
UNIVERSUMS.
AUSDEHNUNG IST DEIN
NATURZUSTAND. WENN
DU GEGEN DEINE
AUSDEHNUNG
ANKÄMPFST, KÄMPFST
DU DAGEGEN AN,
WER DU BIST.
DEHNE DICH JETZT
ZU DEINER VOLLEN
GRÖSSE AUS.

△

EINSSEIN VERSUS ALLEINSEIN

Eines der schwierigsten Dinge daran, ein spirituelles Wesen in einem menschlichen Körper zu sein, ist das Gefühl der Trennung. Der Isolation.

Alleinsein

Auch wenn deine Seele gegenwärtig in einem physischen Körper steckt (der von anderen getrennt ist), bist du Teil eines größeren Ganzen. Ein Einssein, das über Identität, Körper und Worte hinausgeht. Und tief in ihrem Inneren erinnert sich deine Seele daran. Für Seelen, die schon auf anderen Ebenen als der Erde existiert haben, kann sich die Erderfahrung entsetzlich isolierend anfühlen. Denn unser wahres Wesen weiß, dass wir aus purem Licht und Liebe bestehen. Dass wir mit der Quelle eins sind und nur gerade eine menschliche Erfahrung machen. Du bist göttlich.

Obwohl ich mit einer wunderbaren Familie gesegnet bin und immer von vielen Freunden umgeben war, habe ich mein Leben lang gegen dieses Gefühl der Einsamkeit angekämpft. Es war, als ob ich eine ferne Erinnerung daran gehabt hätte, dass ich nicht dazu bestimmt war, so zu leben. Ich hatte ja keine Ahnung, wie viele Menschen das gleiche Gefühl haben.

Schon als Kind sehnte ich mich nach Sinn, und ich hasste oberflächliche Gespräche, die nur der Konversation dienten. Du weißt bestimmt, was ich meine. Bei denen sich zwar dein Mund bewegt, dein Herz aber sagt: *Das ist alles gekünstelt und komplette Zeitverschwendung für uns beide. Aber reden wir lieber weiter, denn es ist immer noch besser, als allein zu sein.* Ich habe mich in Beziehungen manchmal einsamer gefühlt, als wenn ich keine Beziehung hatte.

Dieses latente Gefühl der Einsamkeit hat dazu geführt, dass ich länger an Beziehungen, Freundschaften und Jobs festhielt, als gut für mich war. Es war auch der Grund, weshalb ich mehr tratschte und länger auf Partys blieb, als ich eigentlich wollte. Nicht zu vergessen: die Fernsehmarathons und Fressorgien. Es war, als ob ich mich an all diesen Dingen festklammerte, um das klaffende Loch zu füllen, das ich tief in mir spürte. Wenn ich nur erkannt hätte, dass dieses Loch die Aufforderung war, in mich zu gehen.

In meinen dunkelsten Stunden, als ich wirklich allein und für alle um mich herum unzugänglich war, habe ich schließlich entdeckt, was ich vom Verstand her bereits wusste. Manchmal müssen wir nur Platz frei machen und uns von unserer Einsamkeit übermannen lassen, um zu erkennen, dass wir niemals wirklich allein sind. Wir sind eins. Was wir suchen, ist eigentlich das, was wir schon sind. Nur weil wir unser eigenes göttliches Wesen verleugnen, fühlen wir uns von allem anderen getrennt. Und weil wir uns selbst von allem anderen getrennt fühlen, fühlen wir uns so allein.

Es gibt eine Präsenz, die ich Gnade oder Quelle nenne. Sie wartet auf uns – hinter den Toren der Einsamkeit. Sie ist so unmerklich und dennoch so greifbar, dass wir zu Tränen gerührt wären, wenn wir nur zuließen, sie zu spüren. Mit Worten wird man ihr nicht gerecht. Doch sobald man sie einmal gespürt hat, braucht man gar keine Worte mehr. Sie fühlt sich so unterstützend, liebevoll, besänftigend und vertraut an, dass man das Gefühl hat, nach Hause zu kommen. Wenn wir diese Präsenz fühlen, zapfen wir in Wahrheit die wunderbare Energie der Quelle an, deren Teil wir alle sind. Dieses Gefühl des Einsseins ist uns jederzeit zugänglich. Das ist auch der Grund, weshalb ich die *Light-Sourcing*-Meditation so liebe (siehe Teil IV).

Manchmal muss erst alles schiefgehen, damit wir den Kampf aufgeben und uns der warmen Umarmung hingeben. Unsere Seele weiß den Weg. Höre auf ihr Flüstern und folge ihrer Spur.

Wir alle sind Bündel göttlicher, kosmischer Energie jener Quelle, die in unserem menschlichen Körper herumschwirrt. Wir betrachten uns selbst als getrennt, dabei machen wir alle das Gleiche durch. Die gleiche Reise zurück nach Hause, zum Einssein.

Wir sind hier, um uns an unser göttliches Wesen zu erinnern und es in menschlicher Form zu verkörpern. Wir sind nicht unser Körper, unser Verstand oder unsere Gefühle. Wir sind Seelen, die die Erfahrung von Körper, Gefühlen und Verstand machen. Je eher wir uns selbst als Teil des größeren Ganzen sehen, desto eher kehren wir heim zu dem göttlichen Wunder, das wir von Natur aus sind. Und desto weniger allein fühlen wir uns. Wir sind niemals wirklich allein.

Wir haben unseren Körper als perfektes Instrument gewählt, um unser göttliches Licht auszudrücken. Durch diesen Körper – und indem wir unsere Gefühle heilen – drücken wir das Licht auf unsere ganz eigene Art aus. Sobald wir versuchen, wie jemand anderes zu sein, kommen wir uns selbst in die Quere und hindern das Licht daran, mühelos durch uns hindurchzuscheinen.

Du bist nicht geboren worden, um wie jemand anderes zu sein. Du bist geboren worden, um du zu sein. Um dich daran zu erinnern, dass du trotz all deiner Erlebnisse und Erfahrungen ein göttliches Lichtwesen bist. Und um dieses Licht durch deine einzigartige Seele, deine Gefühle und deinen Körper strömen zu lassen.

Es geht nicht darum, perfekt zu sein. Ganz im Gegenteil.

Es geht darum, echt, wahrhaft, glasklar und authentisch du zu sein. Mit Knacksen, Dellen, Fehlern und allem. Erst wenn das Licht durch unsere Mängel hindurchscheint, können wir wirklich das Herz und die Seele andere Menschen berühren.

MANTRA

Ich bin ein göttlicher Ausdruck von Licht. Ich akzeptiere meine Fehler und leuchte trotzdem.

Es
gibtk
einetre
nnungwirsi
ndalleeinses
gibtkeinetrennu
ngwirsindalleeinses
gibtkeinetrennungwir
sindalleeinsesgibtkeinetre
ennungwirsindalleeinsesgib
tkeinetrennungwirsindalleeinses
gibtkeinetrennungwirsindalleeinses
gibtkeinetrennungwirsindalleeinsesgibt
keinetrennungwirsindalleeinsesgibtkeinetre
nnungwirsindalleeinsesgibtkeinetrennungwir
sindalleeinsesgibtkeinetrennungwirsindalleeins

ALLEIN
ODER
MIT ALLEM EINS?

WIR HABEN UNS UNSERE ELTERN AUSGESUCHT

Bevor wir in dieses Leben getreten sind, haben wir uns unsere Eltern selbst ausgesucht. Und zwar auf der Grundlage unseres eigenen Seelenwachstums und der Botschaft, die wir in diesem Leben in die Welt tragen sollen. Ich habe meine Eltern sehr gut gewählt. Doch, wie wohl die meisten Leute, habe ich nicht immer so gedacht!

Wir waren eine unkonventionelle Familie, in der die traditionellen Rollen vertauscht waren. Meine Mutter, eine Modedesignerin, war die Hauptverdienerin. Sie arbeitete jeden Tag lange und reiste ein paar Mal im Jahr ins Ausland. Mein Vater arbeitete als Sportlehrer an der örtlichen Highschool. Er holte meinen Bruder und mich von der Schule ab und schmiss den Haushalt. Er kochte, bügelte und achtete darauf, dass wir unsere Hausaufgaben machten, weil er einfach mehr Zeit hatte.

Meine Eltern brachten mir bei, wie wichtig Bildung ist. Ich kann alles erreichen, was ich mir vornehme, und arbeite hart für das, was ich haben will.

Als ich mit 14 Jahren mein erstes Erwachen erlebte, wünschte ich mir, dass ich in eine Familie hineingeboren worden wäre, in der man beim Essen über spirituelle Dinge spricht. Ich platzte fast, meine Erfahrungen mitzuteilen, und glaubte, Psychologen, Philosophen, Heiler oder Autoren, die sich mit dem Thema Körper, Geist und Seele beschäftigen, wären viel bessere Eltern für mich gewesen.

Etwas später lernte ich Sheila Dickson kennen, nachdem meine Mom vorgeschlagen hatte, dass ich ihre Kinder babysitte. Sheila war zwei Häuser weiter neben meinem Elternhaus in Collaroy an den Northern Beaches von Sydney eingezogen. Mit meinen 18 Jahren stürmte ich in Sheilas Haus hinein und unterhielt mich mit ihr und ihren vier bezaubernden Kindern. Wir erzählten uns gegenseitig Geschichten aus unserem Leben und machten nur Pause, um Luft zu holen.

Trotz des enormen Altersunterschieds – Sheila war damals 39 – gab es sofort eine Verbindung zwischen uns, und es fühlte sich an, als wäre ich nach Hause gekommen. Ehe wir es uns versahen, waren vier Stunden vergangen, und die Kinder fragten, ob sie ins Bett gehen dürften. Sobald ich nach Hause kam, rief ich Sheila an, und wir redeten noch ein paar Stunden, bevor wir uns für den nächsten Tag verabredeten, um uns die Tarot-Karten zu legen. Seitdem sind wir beste Freundinnen und betrachten uns gegenseitig fast als Familie.

Als ich 25 war, besuchte ich Sheila und ihre Familie in Singapur, wo sie damals lebte. Sie organisierte dort für mich eine Rückführungssitzung in frühere Leben. Von diesem Thema war ich schon immer fasziniert gewesen, nachdem ich Bücher wie *Die zahlreichen Leben der Seele* von Brian Weiss gelesen hatte. Ich konnte es kaum erwarten, es selbst auszuprobieren.

Als ich ankam, wurde ich von einer liebenswerten Lady namens Tony in Empfang genommen. Sie brachte mich zunächst in einen Zustand der Entspannung und führte mich dann von Leben zu Leben zurück. Es war, wie um die ganze Welt zu reisen, nur ohne Jetlag.

Dann wurde ich an den Ort zwischen den Leben geführt, in die Zeit, in der ich mich auf dieses Leben hier vorbereitete. Das war so cool!

Zuerst erlebte ich mit, wie ich mir meinen Körper für dieses Leben aussuchte. Daraufhin wurden mir drei mögliche Elternpaare vorgestellt. Ihre Auswahl beruhte auf meinem Seelenwachstum und darauf, was ich in die Welt bringen wollte.

Bei den Ersten handelte es sich um ein wunderbares Paar aus Sydney: Trevor und Julie, meine späteren Eltern. Die Mutter war stark, liebevoll, ehrgeizig und kreativ. Der Vater war sensibel, großherzig und unbeschwert. Er war seiner Zeit in der Hinsicht voraus, dass er seiner Frau den Rücken freihalten konnte, als es noch nicht der Normalfall war. Ich wäre das Älteste von zwei Kindern.

Die zweite Eltern-Möglichkeit war eine russische Frau namens Olesya, die nach Amerika ausgewandert war, wo sie sich in einen amerikanischen

Geschäftsmann verliebt hatte. Ihre Vorfahren hatten viel durchgemacht. Daher würde sie dafür sorgen, dass ich das meiste aus den Möglichkeiten herausholte, mit denen ich gesegnet wäre. Ich würde ein männliches Einzelkind und olympischer Schwimmer werden.

Die dritte Eltern-Option war ein schottisches Pärchen – Andy und Sheila Dickson (meine Freundin!). Sie waren noch sehr jung, und ich würde eine ungewollte Schwangerschaft sein. Die ersten Jahre würden schwer werden, da sie sich erst daran gewöhnen müssten, Eltern zu sein. Als Kind einer Auswandererfamilie würde ich in vielen Ländern auf der ganzen Welt leben. Die Mutter würde selbst einen spirituellen Weg einschlagen und mir damit den Weg für meine eigene spirituelle Arbeit ebnen, die sie sehr fördern würde. Ich wäre das Älteste von fünf Kindern.

Das Konzept, dass man sich seine Eltern selbst aussucht, hatte bei mir schon immer Anklang gefunden. Aber diese Erfahrung hob es auf eine ganz andere Ebene. Sie half mir, wirklich anzuerkennen, dass ich die richtige Wahl getroffen hatte und die vielen Gaben zu schätzen, die ich durch meine Eltern mitbekommen hatte.

Als ich es Sheila erzählte, sagte sie mir, dass sie und ihr Mann mich immer »das fünfte Dickson-Kind« nannten. Eines Tages hatten sie mit der ganzen Familie ein Spiel gespielt, bei dem alle den Namen ihrer liebsten Person aufschreiben sollten, die für sie am meisten zur Familie gehörte. Und jeder Einzelne von ihnen meinte, dass ich es sei.

Es gibt Dinge, die auf einer anderen Ebene arbeiten. Man kann sie nicht sehen, aber man kann sie fühlen. Ich brauchte viel Mut, inneres Wissen und Entschlossenheit, um meine Berufung zu finden und ihr zu folgen. Wenn man bedenkt, dass es meine Berufung ist, Lichtarbeiter zu erwecken, damit sie ihrerseits ihr authentisches Licht und den Ruf ihrer Seele wahrnehmen, war das ein ziemlich guter Weg.

Ob du nun eine wundervolle oder eine schreckliche Kindheit hattest, sie war der perfekte Spielplatz für das Wachstum deiner Seele.

ARBEITE AN DEINEM LICHT

Welche Dinge (gute und schlechte) haben deine Eltern dir beigebracht? Weshalb, glaubst du, hast du sie dir als Eltern ausgesucht? Wie hat dies zum Wachstum deiner Seele und zu deinem Weg beigetragen?

ICH SPRECHE ZU DEM TEIL VON DIR

Heute spreche ich zu dem Teil von dir, dem es nach mehr verlangt.
Dem Teil von dir, der genau weiß, was du
mehr willst als alles andere.
Dem Teil von dir, der mühelos glaubt, das alles
möglich ist, und zwar sofort.
Ich spreche zu dem Teil von dir, der durch die selbst
auferlegten Schranken brechen will, die dein Verstand aus Angst,
Mangel, »Sollte« und »Könnte« errichtet hat.
Bis sie in tausend Stücke bersten.
Ich spreche zu dem Teil von dir, der träumt, der tanzt, der wünscht.
Zu dem Teil von dir, der jubelt, der lacht, der springt, der hüpft.
Zu dem Teil von dir, der nur das Beste für andere will,
weil er weiß, dass mehr als genug für alle da ist.
Ich spreche zu dem Teil von dir, der weiß, was du willst –
und auch den nächsten Schritt kennt, um es zu bekommen.
Zu dem Teil von dir, der weiß, dass du nicht kaputt bist und
überhaupt keine Lust dazu hast, es sich immer wieder einzureden.
Zu dem Teil von dir, der den Weg kennt und dich
den restlichen Weg zurück nach Hause führen will.
Heute ist es dieser Teil von dir, zu dem ich spreche.
Und ich bitte ihn, vorzutreten und voranzugehen.

DEIN INNERER GURU WEISS ES AM BESTEN

»Komm raus aus der Masse. Steh allein wie ein Löwe und leb dein Leben nach deinem eigenen Licht.«

OSHO

Dein innerer Guru weiß es am besten. Sogar besser als die guruhaftesten Lehrer: die Klugen, die Heiligen, die Weisen und die Swamis.

Manchmal ist es nur schwierig zu hören, was er sagt, bevor sich der Kopf einmischt und alles anzweifelt. Schwierig, die verrückte Stimme von der aufrichtigen, erleuchteten und zentrierten Stimme deiner Seele zu unterscheiden. Dann gibt es Zeiten, in denen wir uns wünschten, dass unser innerer Guru es *nicht* am besten weiß. Also klammern wir uns an fremde Meinungen, um unserer inneren Führung zu widersprechen und unsere Ängste zu beschwichtigen. Während wir insgeheim hoffen, dass er sowieso keine Ahnung hat. Zum Beispiel, wenn es darum geht, zu unserem Exfreund zurückzukehren. In einem Job zu bleiben, den wir hassen. Oder jemandem zu vertrauen, obwohl wir ahnen, dass wir es nicht tun sollten.

Irgendwann erkennen wir dann, dass unser innerer Guru es *tatsächlich* am besten gewusst hat. Ärgerlich, aber wahr. Und wenn wir gleich auf die nagende leise Stimme in unserem Inneren gehört hätten, hätten wir uns wahrscheinlich jede Menge Zeit, Kummer, Geld oder verletzten Stolz erspart.

Es ist tröstlich zu erkennen, dass man in sich selbst alles hat, was man braucht, um über jedes Hindernis hinwegzukommen. Das heißt nicht, dass es einfach wird. Aber je mehr du deinen inneren Guru kultivierst und auf ihn hörst, desto klarer und lauter wirst du sein Flüstern vernehmen. Schaff dir dafür jeden Tag einen festen Platz in deinem Terminkalender und höre auf die leise Stimme in dir. (In Teil III findest du viele Ideen, die dir helfen, mit deinem inneren Guru in Kontakt zu treten.)

Du hast alles, was du brauchst, genau jetzt in dir.
Denn dein innerer Guru weiß es am besten.

ARBEITE AN DEINEM LICHT

Leg dir die Hand aufs Herz, atme ein paar Mal tief ein und aus und bitte deinen inneren Guru, etwas Licht in deine gegenwärtige Situation zu bringen.

Mein innerer Guru sagt mir …

UNECHT SEIN HAT KEINE CHANCE MEHR

Wir treten in eine Phase der Geschichte ein, in der wir vom Patriarchat zum Matriarchat übergehen. Von starren Zwängen zum Fluss, von der Dominanz des Maskulinen zum Gleichgewicht des Maskulinen und Femininen. Eine Zeit, in der Inauthentizität keine Chance mehr hat. Vorbei sind die Tage, als wir dafür belohnt wurden, brave Mädchen und Jungen zu sein. Nur, weil wir alles geduldig ertragen, unsere Zeit abgesessen und das Leben von Lemmingen gelebt haben.

Vielleicht hast du das auch schon in deinem eigenen Leben bemerkt. Freundschaften, von denen du glaubtest, sie würden ewig währen, brechen auseinander. Beziehungen, an die du dich noch klammerst, hängen nur noch an einem seidenen Faden. Es fällt dir Tag für Tag schwerer, bei deiner Arbeit zu erscheinen, die dein Herz nicht erfüllt. Vielleicht ist es dir nicht mehr möglich, ein fröhliches Gesicht aufzusetzen und den anderen den ganzen Tag etwas vorzuspielen. Oder so zu tun, als ob dir etwas an Dingen liegt, die dir eigentlich vollkommen egal sind.

Etwas vorzuspielen ist mühsam. Und Mühe erschöpft uns.

Das Leben legt uns Steine in den Weg, um uns zur echtesten, fließendsten Version unserer selbst zurückzubringen. Wir werden in unseren Grundfesten erschüttert, damit nur die Teile von uns überleben, die ihren Ursprung in unserer Authentizität haben. Beziehungen, Jobs, Freundschaften und Dinge, die wir für selbstverständlich hielten, fallen weg.

Das kann schmerzhaft sein – das sind Veränderungen fast immer. Besonders, wenn diese Veränderungen das Fundament unter unseren Füßen bröckeln lassen. Wenn uns der Boden unter den Füßen weggezogen wird, bleibt vielen von uns nichts anderes übrig, als irgendwo anders neue Wurzeln zu schlagen. Irgendwo ist die Erde fruchtbar und die Aussicht schön.

Je mehr wir den Gezeiten der Veränderung Widerstand leisten, desto schwerer wird es. Die tektonischen Platten unseres Lebens beben weiter, bis wir unseren Griff lockern, die Zügel loslassen, unsere Hände in die Luft werfen und rufen: »Ich ergebe mich!«

Erst dann kannst du deine Seele bitten, die Führung zu übernehmen.

Amen.

ARBEITE AN DEINEM LICHT

An was fällt es dir immer schwerer festzuhalten?
Was will das Universum dir sagen?

DEINE SEELE
WEISS DEN
SCHNELLSTEN
WEG NACH HAUSE.

Δ

LOCKERE DEINEN GRIFF

»Du kannst nur verlieren, woran du hängst.«

BUDDHA

Du bist entweder im Fluss mit dem Universum oder nicht. Wenn du dich an etwas klammerst, leistest du dem natürlichen Fluss dessen, was du wirklich bist, Widerstand.

Die Dinge, an denen wir am meisten hängen, sind die, die wir am dringendsten loslassen müssen. Unser fester Freund, der geliebte Kaffee, unser Job, die Freundschaft, der Wein, die Überstunden, der Wunsch, anderen zu gefallen (…). Alles Äußere, an das du dich klammerst, um dich ganz zu fühlen oder das Gefühl zu haben, dass du gut genug bist.

Das, woran wir hängen, deckt oft unsere verletzlichste Stelle zu – die am meisten Angst davor hat, nicht ausgefüllt zu werden. Doch wenn wir diese Stelle mit etwas zudecken, das uns nicht von Nutzen ist, verhindern wir, dass wir das bekommen, was wir wirklich brauchen. Und wir werfen einen Schatten auf unser Licht.

Wir klammern uns umso stärker daran fest, weil wir tief in unserem Inneren wissen, dass ohne unsere Mühe, unsere Kontrolle und unser Daran-Festhalten diese Beziehung, dieser Job oder … *[füge ein, was dir selbst in den Sinn kommt]* nicht von selbst halten wird.

Doch wenn wir unseren Griff lockern, machen wir Platz frei, sodass das Licht hereinströmen und den Teil von uns heilen kann, der sich nicht ganz fühlt. In *Ein Kurs in Wundern* heißt es:

»Alles, was wir leer lassen, wird von Gnade erfüllt.«

Wenn wir nur den Mut finden, uns hinzugeben, wird das, woran wir uns geklammert haben, entweder von selbst bleiben. Oder es wird durch etwas anderes ersetzt werden, das unsere kühnsten Träume übersteigt.

Lockere deinen Griff. Die Gnade kommt. Es mag anfangs unangenehm sein, doch am Ende lohnt es sich.

ARBEITE AN DEINEM LICHT

Woran halte ich fest, aus Angst, dass nichts anderes
seine Stelle einnehmen wird?

△

DIE WELT BRAUCHT DICH AUFGEKNACKT

»Alles hat Risse. So kommt das Licht herein.«

LEONARD COHEN

Sei offen dafür, aufgeknackt zu werden. Weit aufgeknackt.

Schwere Zeiten helfen uns dabei, uns sprunghaft weiterzuentwickeln. Und zwar so, wie wir es niemals für möglich gehalten hätten.

Doch erst müssen wir aufgeknackt werden. Und das tut manchmal höllisch weh. So ist die Natur. Und ob du es geschehen lassen willst oder nicht: Es wird geschehen. Also gib dich diesem Prozess hin und lass das Leben sein *Ding* machen. Es lohnt sich. Durch die Risse kommt das Licht herein.

ICH BETE DAFÜR, DASS DU DEN TIEFPUNKT ERREICHST

Ich bete dafür, dass du den Tiefpunkt erreichst.
Die schmerzhafteste Zeit deines Lebens.
Ich bete dafür, dass du dich allein fühlst. Isoliert. Verlassen.
Und du entdeckst, dass das, was du für den Tiefpunkt hältst, in Wahrheit ein Vorsprung ist, und du noch tiefer abstürzt.
Wenn du landest, zerspringst du in eine Million – nein, eine Milliarde Stücke. Und hast keine Ahnung, wie du sie wieder zusammensetzen sollst.
Ich bete dafür, dass dort in der Tiefe nur du selbst dir Gesellschaft leisten kannst.
Ich bete dafür, dass du beschließt, die Stücke aufzuheben.
Und dass du – ohne zu wissen, wie und in welcher Reihenfolge – sie wieder zusammensetzt. Stück für Stück.
Genau richtig.
Ich bete für ein Fundament, das mächtiger ist als die Akropolis.
Und ein inneres Licht, das so hell leuchtet, dass es die Netzhaut von allen blendet, die dein Licht nicht ertragen können.
Ich bete für Haut, die sich so gut anfühlt, wie ein zehn Jahre alter Jogginganzug am Samstagabend.
Und für ein inneres Licht, so hell, dass du immer den Weg nach Hause findest.
Ich bete für den Triumph deiner Seele.
Und die Rückkehr von DIR.

DEIN LEID WURDE DIR NICHT ANGETAN, SONDERN FÜR DICH GETAN

So hart es ist: Die Dinge, an denen wir fast zerbrechen, sind genau die Dinge, die uns wieder ganz machen sollen. Alles Nötige wird umgekrempelt, damit du wieder richtig ausgerichtet und mit allem in Übereinstimmung bist. Die Teile, die aneinanderhaften, werden zertrümmert. Dein Fundament wird erschüttert, damit du ein neues errichtest, das kein Mensch und keine Umstände je wieder brechen können.

Also begrüße dein Leid und kämpfe nicht dagegen an. Es ist dazu da, um dich zu deinem wahrsten, größten, strahlendsten Selbst zurückzuführen.

Geh aus dem Weg und lass das Universum seine Arbeit machen.

ARBEITE AN DEINEM LICHT

Was hast du durch dein größtes Leid über dich selbst gelernt?

DU HAST SCHON VIELE LEBEN LANG DAFÜR GEÜBT

Wenn du dich noch nicht bereit fühlst, wenn du dich unvorbereitet fühlst, sollst du eines wissen:

Für genau diesen Moment hast du schon viele Leben lang geübt.

Wenn du mit etwas Unerträglichem konfrontiert bist und dir fast das Herz bricht, sollst du wissen:

Für genau diesen Moment hast du schon viele Leben lang geübt.

Wenn in deinem Kopf Gedanken kreisen wie:
Wer bin ich schon, dass ich das tun könnte?, Was, wenn es nicht klappt? oder Sie ist doch viel besser als ich, dann sollst du wissen:

Für genau diesen Moment hast du schon viele Leben lang geübt.

Du bist weit mehr bereit, als du denkst. Je früher du handelst, desto früher wirst du rückblickend erkennen:

Für genau diesen Moment hast du schon viele Leben lang geübt.

SIE LIESS DIE
ALTE GESCHICHTE
HINTER SICH
UND TRAT IN EIN NEUES
ES WAR EINMAL.

Δ

LASS DICH NICHT DADURCH DEFINIEREN

Lass dich nicht dadurch definieren, was irgendjemand unbewusst tut. Wahrscheinlich führt die Heilung, die durch diese Tat ausgelöst wird, dazu, dass du danach sogar noch ganzer bist als vorher. Wenn es höllisch wehtut, tröste dich damit, dass jede Art des »Aufknackens« letztlich ein Segen ist. Manchmal braucht es nur etwas Zeit. Wenn du die Dinge doch nur aus unserer Perspektive sehen könntest!

Wir alle sind der Spiegel des anderen und spiegeln ihm die Teile von ihm selbst wider, die nicht ganz sind. Und so ärgerlich es auch ist: Gerade die Menschen, die dich am meisten in Rage bringen, helfen dir am meisten bei deinem Wachstum. Sie sind ein Segen. Oder ein Fluch. Sie können dich dazu bringen, dich auszudehnen oder zusammenzuziehen. Die Wahl liegt bei dir.

Seelenpartner sind Menschen, die unser Wachstum anspornen wie kein anderer. Es sind Seelen, die sich schon vor diesem Leben bereit erklärt haben, eine wichtige Rolle bei unserer Weiterentwicklung zu spielen. Wenn du einen deiner Seelenpartner triffst, kann sich ein Gefühl der Vertrautheit oder des Erinnerns einstellen. Seelenpartner-Beziehungen sind nicht immer eitel Sonnenschein. Tatsächlich sind sie oft sogar ausgesprochen schwierig. Um wachsen zu können, müssen wir manchmal Kummer empfinden.

Manche halten eine Weile, manche einen Lebensabschnitt lang und manche für immer. Nimm die Lektion mit und lass alles andere los.

ARBEITE AN DEINEM LICHT

Welche sind deine schwierigsten Beziehungen? Wirst du dazu aufgerufen, diese Beziehungen loszulassen oder an ihnen festzuhalten? Was haben diese Beziehungen dich gelehrt, oder was sollen sie dich lehren?

IHR INNERES LICHT
RIEF SIE IMMER
NACH HAUSE.

KEHR HEIM ZU DIR SELBST

»Heimweh lebt in uns allen; die schmerzliche Sehnsucht nach einem Ort, an dem wir sein können, wie wir sind, und an dem man uns keine Fragen stellt.«

MAYA ANGELOU

Wir verbringen unser ganzes Leben damit, zu suchen, nur um am Ende festzustellen, dass das, wonach wir suchen, schon immer in uns war. Ich bin eine ewig Reisende. Eine Suchende. Ich suche immer nach Möglichkeiten, zu wachsen, zu lernen, nachzudenken und zu verstehen. Allen meinen Tagen auf diesem Planeten lag die unterschwellige Suche nach dem Gefühl zugrunde, wirklich zu Hause zu sein. Dabei wusste ich noch nicht einmal genau, wonach ich eigentlich suchte. Ich zog auf verschiedene Kontinente, in Länder, Städte und Häuser. Bis zum heutigen Tag habe ich in über 30 verschiedenen Wohnungen gelebt.

Ich habe sechs von sieben Kontinenten bereist (Antarktis, ich komme!) und hatte zwei Jobs, in denen meine einzige Aufgabe darin bestand, um den Globus zu reisen.

Mein Herz wurde von vielen auserlesenen Seelen aus unterschiedlichen Kulturen berührt, und meine Lungen sogen die atemberaubendsten Dinge in sich auf.

Mein Geist flog auf den Schwingen des Abenteuers davon, und mein Kinn fiel vor Staunen nach unten.

Trotz all dieser bemerkenswerten Erfahrungen hatte ich immer das Gefühl, als ob irgendetwas fehlte. Ich konnte nicht den Ort oder den Menschen finden, durch den ich mich wie zu Hause fühlen würde.

Bis ich erkannte, dass dieser Ort kein physischer Ort war und dass es nicht um jemand anderen ging. Auch wenn das »Zuhause« durch andere Menschen besser und wärmer wird. Es hat nichts zu tun mit Steinen und Mörtel, Stränden, Bergen, Wald oder Wolkenkratzern. Wie alles, worauf es wirklich ankommt, lag das, wonach ich suchte, bereits in mir drin. Zuhause ist, wo immer ich bei mir bin.

Wenn auch du dein Leben lang nach deinem wahren Zuhause gesucht hast, dann lass dir sagen, dass es schon die ganze Zeit in dir war.

AFFIRMATION

Ich bin zu Hause.

△

WANN HAST DU AUFGEHÖRT, DU ZU SEIN?

Babys haben keine Angst davor, ihr Licht hell leuchten zu lassen. Das ist der Grund, warum wir sie so gerne ansehen. Im Laufe unseres Lebens erleben wir jedoch Dinge, die uns dazu bringen, uns zurückzuziehen. Oder uns zu ändern, weil wir uns der Welt anders zeigen wollen. Normalerweise beruht das auf der Annahme, dass mit uns irgendetwas nicht stimmt. Wir verlieren den Kontakt zum authentischen Geist in uns selbst, den wir während unseren vielen Leben sorgfältig herausgebildet haben. Wir stellen unser wahres Licht unter den Scheffel.

ARBEITE AN DEINEM LICHT

Denke an deine Kindheit zurück. Welche Erfahrungen haben dich glauben lassen, dass etwas mit dir nicht stimmt – oder dass dein authentisches Selbst nicht genug ist? Wie alt warst du damals? Was ist passiert?

Wie hast du dich dabei gefühlt?

Frag die jüngere Version von dir selbst, was sie hören muss, um sich geliebt und unterstützt zu fühlen.

DU ARBEITEST BEREITS DARAN

Der Mensch, den du loslassen willst.
Der Liebeskummer, der nicht zu ertragen ist.
Du arbeitest bereits daran, und du bist näher dran, als du denkst.

Die Traurigkeit, die schwer auf deinen Schultern liegt.
Das Gewicht, das dich wie eine Tonne niederdrückt.
Atemzug um Atemzug bewegst du dich hindurch,
und du bist näher dran, als du denkst.

Der Mensch, dem du vergeben musst.
Der Kummer, dem du verzweifelt freien Lauf lassen möchtest.
Du arbeitest bereits daran,
und du bist näher dran, als du denkst.

Der Mensch, den du bewunderst.
Die Frau, zu der du gerne werden würdest.
Du bist sie, und sie ist du,
und du bist näher dran, als du denkst.

Die Vision, die du anstrebst.
Der Traum, der außer Reichweite scheint.
Du arbeitest bereits daran,
und du bist näher dran, als du denkst.

Am Ende wird es nicht so sein wie das Bild in deinem Kopf.
Aber du wirst wissen, wenn du am Ziel bist. Weil du dich
in deiner Haut wohlfühlst.

SORG DAFÜR, DASS DU ERFÜLLT BIST

Du nutzt niemandem etwas, wenn du leerläufst.

Ich habe mich früher immer schuldig und selbstsüchtig gefühlt, wenn ich mich selbst an die erste Stelle gesetzt und meinen Geist genährt habe.. Ich kann mich daran erinnern, dass ich einmal von Zuhause aus gearbeitet habe und meine Mitbewohnerin Dana mitbekam, wie ich mir beim Mittagessen *Private Practice* ansah. Addison Montgomery, ich liebe dich!

Obwohl ich jeden Tag unglaublich lange gearbeitet hatte, um mein Unternehmen zum Laufen zu bringen, fühlte ich mich dennoch schuldig. Weil man mich bei etwas »erwischt« hatte, das mich erfüllte, anstatt bei harter Arbeit.

Ich erkannte nicht, dass ich anderen viel mehr geben konnte, wenn ich zuerst mich selbst erfüllte. Als es mir schließlich klar wurde, änderte diese Kleinigkeit alles.

Ich habe schon immer gewusst, dass frische Blumen mich mehr zum Leuchten bringen als fast alles andere auf diesem Planeten. Aber ich habe jahrelang gewartet, dass jemand anderes sie für mich kauft. Wie dumm das doch war! Ich habe zwar ab und zu einen Strauß bekommen, aber im Großen und Ganzen kamen keine Blumen.

Dann habe ich beschlossen, mir selbst ein wöchentliches Budget dafür zu geben, die schönsten Blumen zu kaufen, die ich finden konnte. Jeden Samstag ging ich zum Floristen und stellte mir meinen Strauß zusammen. Es fühlte sich wunderbar extravagant an.

Zuerst gestattete ich mir nur preiswerte Blumen. Dann legte ich die Stange etwas höher und kaufte die, die mich am meisten zum Leuchten brachten. Nach kurzer Zeit ging ich eine innige Liebesbeziehung mit der Pfingstrose ein. Diese Blume heilte mein Herz mehr als alles andere.

Wie mutig sie sich öffnet, ist atemberaubend. Und gerade wenn man denkt, weiter kann sie nicht mehr aufgehen, dann öffnet sie sich noch etwas mehr.

Seit ich den einfachen Entschluss gefasst habe, meinem Herzen zu geben, was es braucht – Schönheit –, ist meine Wohnung immer voll mit den herrlichsten Blumen. Es ist zu einem wöchentlichen Ritual geworden und jeden Cent wert. Denn wenn ich sie ansehe, geht mir das Herz auf, mein Gesicht wird ganz weich und das Licht strömt herein.

Und was das Tollste ist: Sobald ich anfing, mir selbst Blumen zu schenken, bekam ich plötzlich auch von anderen welche geschenkt! Neulich überraschte mich mein Verlobter Craig sogar mit einem Blumen-Abo. Seitdem bekomme ich jeden Mittwoch einen speziell für mich zusammengestellten Blumenstrauß frei Haus geliefert.

Während ich das schreibe, strahle ich übers ganze Gesicht, denn ich sitze im Queen's Rose Garden im Londoner Regent's Park, umgeben von einem Kaleidoskop Tausender wunderschöner Rosen, die mich beim Schreiben inspirieren. Ich bin erfüllt, und daher ergießt sich mein Licht mühelos auf diese Seiten.

Sobald wir aufhören, uns selbst zu nähren und zu erfüllen, ist alles nicht mehr richtig im Fluss.

Jeden Menschen erfüllt etwas anderes. Bei meiner Freundin Amy Firth ist es stricken, mit ihrer Familie zu *skypen* und Musik zu hören. Meine Mom liebt es, am Strand spazieren zu gehen, Dinge zu verschönern und im Garten zu arbeiten. Und meine Freundin Jaqui Kolek erfüllt es, trashige Zeitschriften zu lesen, sich Maniküre und Pediküre machen zu lassen und *Vegemite* auf Toast zu essen. Je mehr du dich selbst erfüllst, desto mehr kannst du mit anderen teilen.

ARBEITE AN DEINEM LICHT

Schreib eine Liste mit allen Dingen, die dich erfüllen.
Wähle eine Sache davon aus, die du dir heute gönnst.

WIR WOLLEN ALLE NUR GESEHEN WERDEN

Wir wollen alle nur gesehen werden, wirklich gesehen werden. Nicht kurz angeschaut und bemerkt. Wir wollen, dass sich ein anderer kurz Zeit nimmt und wirklich unser wahrstes Licht erblickt, das unter der Oberfläche flackert. Aber wir gehen unserem Leben nach, laufen uns zufällig über den Weg und nehmen uns nicht die Zeit, innezuhalten und richtig hinzusehen.

Die intimste Erfahrung meines Lebens hatte ich mit einer 50-jährigen kroatischen Frau, die ich erst fünf Minuten kannte. Ich wusste noch nicht einmal, wie sie hieß. Wir lernten uns auf einem Workshop kennen, der von Claude Stein, dem Stimmtrainer der Juilliard-School, gegeben wurde. Wir saßen in einem Raum voller Leute, von denen uns die meisten fremd waren. Claude wies uns an, uns der Person zuzuwenden, die neben uns saß, und ihr tief in die Augen zu sehen. Ihr *RICHTIG* in die Augen zu sehen. Und die wundervolle Seele zu erblicken, die direkt vor uns war. Und gleichzeitig sollten wir dieser Person erlauben, uns selbst richtig zu sehen. So, wie wir wirklich sind. So, wie wir tief in unserem Inneren sind. So, wie wir uns noch nie jemandem gezeigt haben.

Es dauerte nicht lange, bis meine wunderbare Partnerin und ich zu schluchzen anfingen. Richtig tief. Ich hatte noch nie ein vergleichbares Erlebnis gehabt. Es war kostbar. Heilig. Ein Geschenk. Es fühlte sich so an, als ob ich zum ersten Mal in meinem Leben wirklich gesehen würde. Ich war voller Demut und überwältigt von der Schönheit der Person, die vor mir saß – und von der ich bis dahin noch nicht einmal Notiz genommen hatte. Wir machten zehn Minuten lang so weiter. Es waren mit die besten zehn Minuten meines Lebens.

Nachdem die Übung vorbei war, umarmten wir uns. Wir sahen uns im ganzen Raum um. Kein Auge war trocken geblieben. Ich fand heraus, dass sie Sally hieß. Mittlerweile ist sie eine echte Freundin geworden. Sie gehört zu meiner Mastermind-Gruppe.

Diese Erfahrung hat sich seitdem immer tiefer in mein Herz gebohrt. Ich habe durch sie begriffen, dass jeder Mensch auf diesem Planeten – egal wie sanft oder hart, wie offen oder verschlossen er ist – einfach nur gesehen werden möchte. Und zwar richtig gesehen werden.

Es ist das größte Geschenk, das wir einem anderen Menschen machen können: zu sehen, dass er wirklich hier ist.

Die heilige Seele zu erkennen, die in ihm steckt und die sich danach sehnt, in Erscheinung zu treten.

Danach wurde mir klar, dass praktisch jede problematische Beziehung, die ich geführt hatte, entweder darauf beruhte, dass ich nicht richtig gesehen wurde oder dass ich die andere Person nicht richtig sah.

So merkte ich, wie lange ich in meinem Leben mein größtes, wahrstes, authentischstes Selbst zurückgehalten hatte, während ich insgeheim darauf hoffte, dass irgendjemand anderes es sehen würde. Es entdeckte. Es benannte und nach vorn rief. Ich hatte mein Licht so lange gedimmt und dabei tief im Innersten gehofft, dass jemand die ungeheure Schönheit erkannte, die direkt unter der Oberfläche vor sich hin brodelte. Endlich dämmerte mir, das ich viel zu viele Jahre auf eine Art Bestätigung oder Erlaubnis gewartet hatte, mein strahlendstes, übersprudelndstes Selbst nach außen zu tragen.

Dieser Tag markiert den Beginn meiner bewussten Reise mit dem Ziel, das wahre Licht in anderen Menschen zu sehen und mein eigenes Licht etwas heller leuchten zu lassen.

Du hast ein authentisches inneres Licht, das schon immer da war und niemals fortgehen wird. Ein inneres Feuer, das immer weiter flackert. Egal, wie dunkel es wird.

Die Leute können es wahrnehmen, indem sie dich einfach nur ansehen. Es ist das »gewisse Etwas«, das sie bemerken. Es ist das »Funkeln«, das »Blitzen« in deinen Augen.

Dein Licht ist dein authentisches Selbst, und du wurdest dazu geboren, es leuchten zu lassen. Licht kann man nicht verstecken.

ARBEITE AN DEINEM LICHT

Deine Gegenwart ist ein Geschenk.
Anstatt nur mechanisch vor dich hinzuleben,
sei heute wirklich präsent und lass einen anderen sehen,
wie du wirklich bist.

EIN LICHT KANN MAN NICHT VERSTECKEN.

SIEH DAS LICHT IN ANDEREN

Eines der größten Geschenke, die wir einem anderen Menschen machen können, ist seine Gaben zu erkennen. Wenn wir die Gaben eines anderen erkennen, erkennen wir die Seele und das Licht in ihm.

So eine einfache, mühelose Tat kann eine lebensverändernde Wirkung haben. Wenn wir die Gaben eines anderen würdigen, richten wir ihn auf und ermutigen ihn dazu, noch etwas heller zu leuchten. So eine Tat fühlt sich nicht nur wunderbar an. Man wird durch sie auch unvermeidlich selbst zum Leuchten gebracht.

ARBEITE AN DEINEM LICHT

Mach diesen Tag für jemanden etwas heller,
indem du ihn wirklich ansiehst
und eine seiner Gaben würdigst.

DIE ANGST, GESEHEN ZU WERDEN

Wir alle haben Erfahrungen gemacht, oft schon in unserer Kindheit, die uns zu dem Schluss gebracht haben, dass unser authentisches Selbst nicht genug ist. Es gab einen bedeutenden Moment, in dem wir beschlossen haben, dass es sicherer / einfacher / ungefährlicher / nicht so schmerzhaft ist, etwas weniger hell zu leuchten. Wir haben uns dazu entschieden, unser Licht zu dimmen, um uns anzupassen.

Auch wenn wir uns nicht bewusst an diese Erlebnisse erinnern, beeinflussen sie uns bis zum heutigen Tag. Unsere Seele trägt Prägungen von Leben zu Leben weiter. In ihnen ist die Weisheit gelernter Lektionen ebenso gespeichert wie frühere Traumata, die darauf warten, geheilt zu werden.

Wir sind hier, um die Traumata zu heilen, die uns im Wege stehen und uns davon abhalten, in unser wahrstes Selbst einzutreten. Wenn wir unsere wahre Kraft anzapfen, haben wir keine Angst mehr davor, dass unser authentisches Selbst gesehen wird. Unabhängig davon, wer vor uns steht.

ARBEITE AN DEINEM LICHT

Denke an einen Punkt in deinem Leben zurück, an dem du bewusst beschlossen hast, dass es ist nicht genug ist, wer du bist. Was ist damals passiert? Was müsste diese jüngere Version von dir jetzt hören?

DIMM NICHT DEIN LICHT, UM DICH ANZUPASSEN

Dimm nicht dein Licht, um dem Kleingeist eines anderen entgegenzukommen. Wir wurden alle dazu geboren, groß und hell zu leuchten. Das Universum dehnt sich aus, und du bist ein Teil des Universums. Daher ist es deine Natur, dich ebenfalls auszudehnen.

Wenn dich irgendjemand dazu bringen will, dich zurückzunehmen, nimm es zur Kenntnis, und zieh dich langsam von ihm zurück. Diese Person ist nicht der richtige Umgang für dich, und du bist nicht der richtige Umgang für sie. Noch besser: Finde in dir selbst die Kraft, dich trotzdem auszudehnen und dein Licht leuchten zu lassen.

Blumen öffnen und schließen sich, ganz gleich, wer vorübergeht. Sie öffnen ihre Blüten und zeigen ihre Schönheit, ohne auf andere zu achten.

Leuchte auf, egal, wer um dich herum ist. Denn dann fällt es deiner Art von Leuten leichter, dich zu finden. Falls andere nicht in deiner Nähe sein wollen – oder sich deinetwegen unbehaglich fühlen –, liegt es daran, dass du etwas ans Licht bringst. Sie dimmen ihr Licht, um sich anzupassen. Wenn du dich dazu entscheidest, hell zu leuchten, inspirierst du sie vielleicht dazu, auch ihr Licht anzuknipsen. Oder auch nicht. Lass dein Licht trotzdem an und beobachte, wie das Leben auf dich zurückscheint.

MENSCHEN, DIE NICHT MIT DEINEM LICHT KLARKOMMEN

Wenn du deine Größe beschnitten und dein Licht gedimmt hast, haben sich die Menschen in deinem Leben wahrscheinlich daran gewöhnt.

Bei allen Beziehungen handelt es sich im Grunde um eine energetische Vereinbarung. Manche sind um eine Person herum aufgebaut, die leuchtet. Bei anderen handelt es sich um eine Verbindung von zwei Leuten, die gleich stark leuchten. Bei wieder anderen um eine Verbindung von zwei Menschen, die glücklich sind, wenn der andere so frei und hell wie möglich leuchten kann. Das ist die beste Art.

Sobald sich ein Mensch dazu entschließt, emporzusteigen und sein Licht leuchten zu lassen, verändert sich die energetische Vereinbarung. Das kann Wellen schlagen. Das ist völlig normal.

Entscheide dich trotzdem zu leuchten.

Beziehungen, die dazu bestimmt sind, zu halten, werden sich an die veränderte Energie anpassen. Andere halten nicht. Aber das liegt daran, dass sie vermutlich unter der Prämisse entstanden sind: »Ich liebe dich, solange du nicht heller leuchtest als ich.« Das ist okay: Nicht alle Menschen sind dazu bestimmt, für immer in deinem Leben zu bleiben. Die Lektionen, die wir durch sie lernen, leben dennoch in uns weiter.

ARBEITE AN DEINEM LICHT

Wer in deinem Leben richtet dich auf, will dich gewinnen sehen und ist aufrichtig glücklich, wenn du leuchtest?

Wer in deinem Leben kann es nicht ertragen, wenn du heller leuchtest als er selbst?

SPIEGEL

Damit andere Menschen uns anerkennen, müssen wir uns erst selbst anerkennen. Die Menschen in unserem Leben sind nur Spiegel, die uns widerspiegeln, was wir über das Universum und uns selbst denken. Spiegel, die uns unseren Schatten und unser Licht widerspiegeln.

Wenn du dich nicht unterstützt fühlst, unterstützt du dich vielleicht selbst nicht. Wenn die Leute die Schönheit in dir nicht erkennen, liegt es wahrscheinlich daran, dass du die Schönheit in dir selbst nicht erkennst. Wenn die Leute dein musikalisches Talent nicht zu würdigen wissen, würdigst du es vielleicht selbst nicht. Wenn die Leute dich links liegen lassen, lässt du dich selbst links liegen.

ARBEITE AN DEINEM LICHT

Sieh in den Spiegel und betrachte dich, als ob du dich zum ersten Mal sehen würdest. Blick dir tief in die Augen und frag dich selbst:

Was sehe ich nicht in mir, was gesehen werden möchte?

△

DU SPIELST DIE HAUPTROLLE IN DEINEM LEBEN

Du spielst die Hauptrolle in deinem Leben. Wenn nicht du, wer dann? Jeder von uns schreibt seine eigene Geschichte, in der er selbst die Hauptfigur ist.

Sobald uns klar wird, dass wir unsere Geschichte selbst schreiben, erkennen wir, dass wir sie auch neu schreiben können. Und im Unterschied zu den meisten Filmen ist die Fortsetzung wahrscheinlich sogar besser als der erste Teil.

Als ich aus der Wohnung auszog, in der ich mit meinem Exfreund zusammengelebt hatte, sah ich mir einen Film nach dem anderen auf dem Laptop an, während ich meine Sachen packte. Ich tat mir selbst unendlich leid, und als mich meine Freundin Sheila anrief, brach ich in Tränen aus. Sie fragte, weshalb ich weinte.

Ich dachte nach und sagte: »Na ja, ich habe mir ziemlich viele Filme mit Meryl Streep und Susan Sarandon angesehen. Ich liebe die beiden ja, aber diese Filme sind immer sehr emotional.«

Wir haben dann etwas tiefer gebohrt und herausgefunden, dass in allen meinen Lieblingsfilmen eine starke, unabhängige Frau die Hauptfigur ist. Sie gibt und gibt und endet dennoch immer allein: *Seite an Seite, Thelma und Louise, Sophies Entscheidung, Wenn Liebe so einfach wäre …*

BINGO! Meine Lieblingsart von Filmen zeigte genau, wie ich mein Leben lebte. So schwer es mir auch fiel, verbot ich es mir von da an, Dramen mit starken weiblichen Hauptrollen anzusehen. Ich beschloss, eine neue Geschichte für mich zu schreiben.

ARBEITE AN DEINEM LICHT

Achte darauf, welche Art von Filmen du dir gern ansiehst und welchen Archetyp die Heldin oder der Held verkörpert. Frag dich selbst:

In welchem Film spiele ich selbst zurzeit mit? Ist es ein Drama oder ein Abenteuerfilm? Ein Musical oder eine Komödie? Ein Fantasy-Epos oder ein lebensbejahender, inspirierender Film?

In was für einer Art Film würde ich gern mitspielen?

Welche Eigenschaften müsste die Hauptfigur in diesem Film haben?

WER BIN ICH?

»Schönheit beginnt in dem Moment, in dem du dich entscheidest, du selbst zu sein.«

COCO CHANEL

Ich bin ein Riesen-Oprah-Fan. Als ich nach London zog, wohnte ich zuerst mit meiner Freundin Jaqui zusammen, die ich in der Uni kennengelernt hatte. Wenn wir einen Kater hatten – was leider ziemlich häufig vorkam –, sahen wir uns immer wieder die Oprah-DVD-Box an, die zum 25. Jubiläum der Show herausgekommen war. Wir witzelten herum: »Meinst du, Oprah und Gayle haben auch manchmal einen Kater und stellen sich solche Fragen wie wir?«

Jaqui rollte manchmal in ihrem Lieblings-Kater-Shirt mit der Aufschrift »Wer bin ich?« die Treppe herunter. Dieses Bild fasst mein Lebensgefühl in diesen Jahren ziemlich gut zusammen.

Zurück zur DVD-Box. Der bewegendste Augenblick für mich war, als Oprah von einer Frau erzählte, die zu ihr gesagt hatte: »Wenn ich sehe, wie sehr Sie Sie sind, möchte ich mehr ich sein.«

Diese Worte habe ich bis heute in meinem Herzen behalten. Wie viele Leute in ihren Zwanzigern verband ich, wer ich war, damit, was ich tat. Mit den Rollen, die ich spielte und den Dingen, in denen ich gelernt hatte, gut zu sein. Anstatt dem nachzugehen, was mich zum Leuchten bringt.

Ich war unter anderem die Fleißige, die ehrgeizige Kreative, die Tochter, die gute Freundin, die unterstützende Geliebte. Aber das war nicht das, was ich wirklich war. Ich konnte so viel mehr in mir fühlen, das danach drängte, herauszukommen.

Rückblickend kann ich die Punkte miteinander verbinden und die Zeichen in meinem Leben deuten. Aber damals – vor allem an den Tagen, an denen ich verkatert war – fühlte ich mich allein und verlassen. Ich maß dem, was andere Menschen dachten, so viel Bedeutung bei, dass ich mein wahres Selbst nicht in Erscheinung treten ließ.

Das Einzige, was mir fehlte, war ICH.

GEBET

Göttliche Mutter, danke, dass Du mir hilfst, mich daran zu erinnern, wer ich in Wahrheit bin. Besonders, wenn es anders ist als das, was ich dachte zu sein.

WER BIST DU?

Bei dieser Frage listen wir normalerweise sofort Name, Alter, Geschlecht, Beruf, Geburtsort, Wohnort, Beziehungsstatus und so weiter auf.

Aber das sind wir nicht. Nicht wirklich. Also bohren wir etwas tiefer und versuchen zu beschreiben, wer wir sind. Und zwar anhand unserer Persönlichkeit und dem, was andere über uns sagen: Ich arbeite fleißig, ich bin eine gute Freundin, ich bin ehrgeizig, ich bin gesellig, ich bin kreativ, ich bin eine gute Köchin …

Aber auch das sind wir nicht, und es ist auch nicht der Grund, weshalb wir hier sind. Uns macht viel mehr aus als das. Es gibt geheime Teile von uns, die ausgedrückt werden wollen. Die nicht in das enge Korsett passen, in das wir gesteckt wurden. Oder in das wir uns selbst hineinzwängen.

Wenn wir die äußeren Schichten eine nach der anderen abschälen, können wir die Weisheit und die Wahrheit unseres Daseins finden – unser Wesen, das wir anderen mitteilen sollen. Das ist deine Magie, dein Geschenk an die Welt.

Es ist der Teil von dir, der zeitlos ist und genau weiß, was ihn zum Leuchten bringt. Der Teil von dir, der sich ausdehnt und darauf wartet, dass du dich an ihn erinnerst, ihn entdeckst, ihn von seinen Fesseln löst und befreist.

ARBEITE AN DEINEM LICHT

Stell dich vor einen Spiegel. Sieh dir tief in die Augen und frag den Teil von dir, der Bescheid weiß: Wer bin ich?

Erlaube es ihm, zu antworten. Die Antwort, die du erhältst, muss keinen Sinn ergeben. Es kommt darauf an, die Schichten abzuschälen und dein inneres Selbst in Erscheinung treten zu lassen. Wiederhole die Frage und die Antworten immer wieder.

Du könntest etwa so anfangen: Ich bin Mutter, ich bin Tochter, ich arbeite fleißig, ich bin ein fürsorglicher Mensch, ich bin eine tolle Zuhörerin, ich bin weise, ich bin Liebe, ich bin ein Stammesanführer, ich bin eine Mystikerin, ich bin bereit emporzusteigen, ich bin Gnade.

Lass dich überraschen. Schäl die Schichten ab und lass dein innerstes Selbst hervortreten.

FRAG DEN TEIL VON DIR, DER BESCHEID WEISS

Es gibt einen Teil von dir, der die Antwort auf alles weiß, was du wissen willst. Er kennt deinen Weg, deine Bestimmung, in welche Richtung du gehen sollst und wann du einen großen Sprung machen solltest.

Bevor du inkarniert wurdest, hat dieser Teil einen Auftrag von deinem Geist erhalten. Als er ihn hörte, war er sofort voll und ganz dabei und konnte es kaum abwarten loszulegen.

Auch wenn er sich ab und zu ignorieren lässt, hat dieser Teil von dir gelobt, niemals aufzugeben. Ganz gleich, wie lange es dauert.

Der Teil von dir, der Bescheid weiß, weiß, dass du an genau der richtigen Stelle bist, um all das zu tun, was du hier tun wolltest.

Denn der Teil von dir, der Bescheid weiß, weiß auch, dass du es tief in deinem Inneren ebenfalls weißt.

Du bist bereit.

Du kennst den nächsten Schritt.

Der Teil von dir, der Bescheid weiß, ruft dich genau jetzt und will, dass du dich auf einen großen Sprung vorbereitest.

△

SPRING IN DICH SELBST HINEIN

Spring.

Stürz dich in die Tiefe.

Zögere nicht.

Tauch direkt ein.

In deine Ganzheit.

Dein Du sein.

Mitsamt allen Widersprüchen, Fehlern, Merkwürdigkeiten und allem, was toll an dir ist.

Wenn du das tust, stellst du vielleicht fest, dass du dich nicht mehr richtig einfügst. Aber das liegt nur daran, dass du etwas mehr Platz brauchst, wenn du in deine volle Größe eintrittst.

ARBEITE AN DEINEM LICHT

Wie kannst du etwas mehr in dich selbst hineinspringen?

DENKE MIT DEINER SEELE.

STELL DICH DEM NAGENDEN GEFÜHL

Dieses nagende Gefühl.

Dieses lästige, nagende Gefühl.

Dieses unbequeme, lästige, nagende Gefühl.

Was du auch versuchst, es ist da. Und es geht nicht weg.

Ich habe dieses nagende Gefühl jahrelang ignoriert. Ich habe es zu betäuben versucht: mit Sturheit, vernünftigen Rechtfertigungen und meinem Ego. Das ist ermüdend. Doch solange du dich dem nagenden Gefühl nicht stellst, wirft das Leben immer weitere Köder aus, um dich wachzurütteln. Um deine Aufmerksamkeit auf das Licht in dir zu lenken, das herauskommen will.

Stell dich dem nagenden Gefühl in dir *jetzt*.

Es ist deine Seele, die dich am Hosenbein zupft. Sie bemüht sich nach Kräften, dich auf sie aufmerksam zu machen, bevor sie dir richtig die Hölle heiß machen muss. Höre ihr zu. Wenn du dich dem nagenden Gefühl nicht stellst, dann wirft dir das Universum Steine in den Weg. Und dann wird es dir leidtun, dass du nicht gleich auf das nagende Gefühl gehört hast!

ARBEITE AN DEINEM LICHT

Was will dir das nagende Gefühl sagen?
Wozu bist du hier?

FOLGE DEINER
INTUITION –
BESONDERS
WENN SIE KEINEN
SINN ERGIBT.

△

KÜMMERE DICH UM DEINEN SCHMERZ

Jeder von uns trägt einen Schmerz in sich, der gelindert werden möchte. Es ist weder ein körperlicher noch ein psychischer Schmerz. Er geht viel tiefer als das.

Wir sind schon mit dem Schmerz in dieses Leben hineingeboren worden. Wenn wir uns nicht um ihn kümmern, wird er auch noch da sein, wenn wir sterben. Er befeuert unsere tiefsten Sehnsüchte – unsere besten Entscheidungen und unsere schlechtesten. Er liegt neben uns, wenn wir nachts wach liegen, und ist da, wenn wir uns eine Tasse Tee zubereiten? Er ist während all unserer Höhen und Tiefen bei uns. Dieser Schmerz ist nichts anderes als der Ruf deiner Seele. Was du auch tust, um ihn zu ignorieren, ihn zu betäuben oder zu ersticken: Er wird niemals weggehen.

Solange wir ihn nicht zu uns einzuladen, um sich mit uns auszutauschen, werden wir uns immer etwas unbehaglich fühlen. Ein klein wenig neben der Spur. Als ob irgendetwas nicht stimmt. Also kümmere dich um deinen Schmerz.

ARBEITE AN DEINEM LICHT

Wonach sehnt sich deine Seele so schmerzlich?
Was will dir deine Seele damit sagen?
Welchen kleinen Schritt kannst du gleich heute tun,
um dich um diesen Schmerz zu kümmern?

DU WIRST DEIN LEBEN NICHT VERPASSEN

Die einzige Möglichkeit, dein Leben zu verpassen, ist ständig darüber nachzudenken, dass du es verpassen könntest. Ansonsten gibt es keinen richtigen Weg, keine perfekte Antwort und keine korrekte Abzweigung.

Finde alles unterwegs heraus und tanze einfach besonders schnell.

Etwas falsch zu machen, ist genauso wichtig, wie etwas richtig zu machen. Tatsächlich ist etwas falsch zu machen oft sogar die Voraussetzung dafür, etwas richtig zu machen. Deine Fehler, deine Niederlagen, deine Verwirrung, deine Verzweiflung: All diese Dinge sorgen dafür, dass *dein* Weg weniger ausgetreten ist als andere.

Es ist okay, wenn du manchmal die Hände in die Höhe streckst und rufst: »Ich habe absolut keine Ahnung, wohin das alles führen soll!«

Atme einfach tief durch und geh trotzdem weiter.

ARBEITE AN DEINEM LICHT

Wenn du nicht solche Angst davor hättest, was würdest du tun?

MEINE SEELE RUFT MICH DAZU AUF, ZU …

Teil III

ARBEITE AN DEINEM LICHT

Antworte auf den Ruf deiner Seele!

WENN NICHT DU,
WER DANN?
WENN NICHT JETZT,
WANN SONST?

EMMA WATSON

DEINE SEELE RUFT DICH UNENTWEGT

Du bist nie zu alt, um auf den Ruf deiner Seele zu antworten, und es ist nie zu spät. Denn die Wahrheit ist, dass deine Seele unentwegt nach dir ruft. Sie hat gestern gerufen, sie ruft heute und sie wird auch nächste Woche noch rufen.

Wenn man auf den Ruf seiner Seele antwortet, ist das kein einmaliger Akt; es ist ein fortwährendes Gespräch. Es geht nicht darum, einmal etwas Großartiges zu tun oder *eine* Antwort auf die große Frage zu finden: Was ist meine Bestimmung? Es geht vielmehr darum, Hunderte, ja Tausende kleiner Dinge in die richtige Richtung zu unternehmen. Eins nach dem anderen. Indem wir jedem einzelnen, vermeintlich unbedeutenden Ruf folgen, finden wir uns irgendwann in dem Leben wieder, zu dem wir berufen worden sind. Wir machen hier einen kleinen Schritt und dort einen etwas größeren Sprung.

Sobald wir diese höhere Berufung gefunden haben, scheint es, als ob es einfach so passiert sei. Doch in Wahrheit erstreckte sich dieser Vorgang über mehrere Zeitalter. Deine Seele kennt deinen Weg.

Hör immer weiter auf ihr Flüstern, jeden einzelnen Tag, und handle danach. Ehe du es realisierst, bist du schon auf dem richtigen Weg.

Deine Seele weist dir immer sanft die richtige Richtung und schubst dich fast unmerklich näher zu dem, was dich zum Leuchten bringt. Wenn du, bevor du handelst, erst genau herausfinden willst, wo dein Weg hinführt, wirst du nie erfahren, wie schön es ist, deinen Weg zu gehen.

WOZU
RUFT DICH
DEINE SEELE
GENAU JETZT AUF?

ES IST SCHWERER, DAS RUFEN ZU IGNORIEREN, ALS DARAUF ZU REAGIEREN

Wenn dieses Buch den Weg in deine Hände gefunden hat, hat deine Seele wahrscheinlich zu dir gesprochen, und du hast darauf reagiert. Dabei spielt es keine Rolle, ob du dir das Buch selbst gekauft hast, ob es vom Regal direkt vor deine Füße gefallen ist oder ob es dir jemand geschenkt hat.

Die Seele spricht zu uns durch Gefühle, Sehnsüchte, Begierden, tiefes Wissen, Schwingungen und Zeichen, durch die Natur und durch Menschen. Sie hat ihr Zentrum im Herzen und trägt deinen ganzen Lebensplan in sich. Aber du kannst den Ruf deiner Seele nicht vernehmen, wenn du dir nicht Platz in deinem Alltag schaffst, um ihn zu hören.

Die beste Art, die ich gefunden habe, um mit der Stimme der Seele in Verbindung zu treten, ist regelmäßiges Meditieren. Ich rede nicht davon, spazieren zu gehen oder etwas anderes zu tun, was meditativ ist. Sondern davon, sich hinzusetzen und wirklich in sich hineinzuhören – und zwar jeden einzelnen Tag. Deine Seele will dir ihre Geheimnisse mitteilen, aber du musst dir die Zeit und den Raum dafür nehmen, sie wirklich zu erfahren, bevor du dein Handeln nach ihr ausrichten kannst.

Sobald man die Stimme seiner Seele einmal gehört hat, lässt sich das nicht wieder ungeschehen machen. Wenn du den Ruf deiner Seele ignorierst, wird das Leben unangenehm. Vielleicht versuchst du, das schmerzliche Gefühl durch Äußerlichkeiten zu lindern. Das mag eine Zeit lang funktionieren. Aber irgendwann stellt sich das nagende Gefühl wieder ein, und jedes Mal ist mehr nötig, um es wieder abzustellen.

Verschwende deine Zeit nicht damit, das Rufen zu ignorieren. Schaff dir vielmehr Raum in deinem Leben, um dem täglichen Flüstern deiner

Seele zu lauschen. Je mehr du ihr zuhörst, desto lauter wird ihr Ruf werden.

ARBEITE AN DEINEM LICHT

Nimmst du dir jeden Tag etwas Zeit,
um deiner Seele zuzuhören?
Lade dir auf *www.lightisthenewblack.com*
die *Light-Sourcing*-Meditation herunter.

SEELENBERUFUNG

»Du kannst kein größeres Geschenk bekommen, als deine Berufung anzunehmen. Dazu wurdest du geboren. So wirst du wirklich lebendig.«

Oprah Winfrey

Deine Seele ruft dich unentwegt zu deinem höchsten Weg. Doch deine Seelenberufung offenbart sich nicht auf einmal. Es ist eher ein lebenslanger Tanz.

Deine Seele weiß den Weg und ruft dich daher immer in dessen Richtung. Aber damit dir deine höchste Berufung enthüllt wird, musst du zuerst auf die vielen kleinen Rufe entlang des Weges reagieren. Es ist unmöglich, diese höhere Berufung zu finden, ohne erst auf die täglichen Rufe der Seele zu hören.

Kann es sein, dass du vielleicht noch nicht auf das Flüstern deiner Seele reagiert hast, weil du versuchst, erst einmal deine höhere Berufung herauszufinden? Mit anderen Worten: Willst du das Endziel schon wissen, bevor du die ersten Schritte tust?

ARBEITE AN DEINEM LICHT

Welchen kleinen, praktischen Schritt kannst du in den nächsten 24 Stunden unternehmen, um auf den Ruf deiner Seele zu hören?

Δ

DU WURDEST WISSEND GEBOREN

Eines sage ich dir gleich: Wozu auch immer du dich berufen fühlst, *das* ist deine Bestimmung. Wenn du das tust, was dich zum Leuchten bringt, bringst du die Welt zum Leuchten. Und das, wodurch du die Welt am meisten zum Leuchten bringst, das ist deine Berufung.

Die Welt braucht dich voller Freude und Licht.

Tief in deinem Inneren weißt du bereits, wonach du dich sehnst. Wonach es deiner Seele verlangt. Wozu du hierhergekommen bist. Dass es nichts Neues für dich zu *entdecken* gibt, sondern dass du nur mehr von Dir *aufdecken* musst.

Sich erinnern. Es sich ins Gedächtnis rufen. Zu Hause anrufen.

Du bist jetzt genau am richtigen Ort, um deiner Berufung zu folgen. Du brauchst dafür nicht den gesamten Plan kennen. Du brauchst noch nicht einmal zu wissen, wohin er führt. Du musst einfach nur den nächsten Schritt machen.

In meinen *Seelenlesungen* habe ich festgestellt, dass jeder weiß, wozu er hier ist. Tief im Inneren weiß jeder ganz genau, was er gerne tun würde. Tief im Inneren ist jedem seine Berufung viel klarer, als er es sich vorgestellt hätte. Aber die meisten Leute geraten durch folgende Dinge ins Stocken:

- Sie wollen dem, was ist, ein Etikett anheften, anstatt einfach dem nachzugehen, was sie zum Leuchten bringt.
- Sie suchen nach einer Art Bestätigung, dass das, was sie zum Leuchten bringt, wirklich das Richtige für sie ist. Und dass sie gut genug dafür sind.

- Sie möchten einen genauen Plan haben, wie alles funktionieren wird, bevor sie es in Erwägung ziehen, einen Sprung in diese Richtung zu machen.
- Sie vergleichen sich mit anderen Leuten, die bereits das tun, was sie gerne tun möchten. Dabei ist ein »Erfolg über Nacht« in Wahrheit nie über Nacht zustande gekommen.

Niemand hatte jemals einen vollständigen, perfekten Plan. Es gibt kein Endziel. Es gibt keinen richtigen oder falschen Weg. Ganz wichtig: Du brauchst *NICHT* die Erlaubnis von irgendeinem anderen. Setz dich selbst nicht so unter Druck. Vergiss das Ergebnis und den Plan und fange einfach jetzt sofort an. Tu die eine Sache, die dich erfüllt. Für die du morgens gern aufstehst und für die du dich begeisterst. Und dann streck die Hand nach einer weiteren Sache aus. Es muss keinen Sinn ergeben. Die besten Dinge im Leben ergeben nie wirklich Sinn.

Steve Jobs sagte einmal: »Die Punkte fügen sich immer erst im Rückblick zu einem Bild zusammen.« Aber zunächst einmal musst du ein paar Punkte aufs Papier bringen.

△

JEDER HAT EINEN GEHEIMEN TRAUM, UND NUR WENIGE WOLLEN BERÜHMT WERDEN

Es liegt eine unbezwingbare Kraft darin, die größten, strahlendsten, kühnsten Sehnsüchte unserer Seele laut auszusprechen. Das sagt dem Universum, dass wir bereit sind. Und andere Menschen bekommen dadurch das Geschenk, uns bei der Verwirklichung unserer Sehnsüchte helfen zu können.

Viele Jahre lang hielt Jess ihren Traum, Künstlerin zu werden, unter ihrem Kopfkissen versteckt. Sie fühlte sich noch nicht bereit, nicht gut genug und hatte Angst, was die Leute von ihr denken würden. Doch sobald sie mit anderen darüber sprach, geschah etwas Wunderbares. Alle in ihrem Umfeld sagten: »Natürlich, es wird auch wirklich Zeit, dass du das machst.«

Die Menschen, die dich lieben, werden dich dann immer noch lieben. Menschen, die dich lieber klein sehen, mögen wegbrechen. Aber (*hey*!) sie sind sowieso kein guter Umgang für dich.

ARBEITE AN DEINEM LICHT

Wenn ich wüsste, dass ich nicht versage, würde ich …
Wenn ich keine Angst davor hätte,
was die Leute denken, würde ich …
Wenn ich keine Erlaubnis dazu bräuchte, würde ich …
Wenn Geld keine Rolle spielen würde, würde ich …
Mein heimlicher Traum ist …

DEINE SEELE HAT
ALLE ANTWORTEN.
DOCH DU KANNST SIE
NUR HÖREN, WENN
DU IN DICH GEHST.

△

BERUF VERSUS BERUFUNG

»Du kannst deinen Arbeitsplatz verlieren, aber nicht deine Berufung.«

MARIANNE WILLIAMSON

Ein Beruf ist etwas, wo du jeden Tag hingehen musst, um Geld zu verdienen. Ob er dir Spaß macht oder nicht: Ein Beruf wird als »Arbeit« angesehen.

Eine Berufung ist etwas, was du tust, weil du es gerne tust. Du kannst dir gar nicht vorstellen, etwas anderes zu tun. Du würdest es auch umsonst machen, nur aus Spaß an der Freude. Manchmal fühlt es sich so an, als ob du genau dafür geboren worden wärst.

Ein Beruf zwängt dich in eine Schablone hinein. Eine Berufung dehnt sich mit dir aus.

Deine Berufung muss nichts Hochtrabendes sein, und sie muss auch nicht unbedingt etwas mit deinem Beruf zu tun haben. Sie kann auch darin bestehen, eine liebevolle Mutter zu sein oder eine UN-Friedensaktivistin.

Ich habe mein Leben lang gewusst, dass ich durch das, was ich erschaffe, die Herzen der Menschen berühren wollte. Zwar wusste ich nicht, wie ich das zustande bringen sollte, aber ich wusste, dass ich diese Sehnsucht, die tief in meiner Seele brannte, nicht ignorieren konnte. Meine Arbeit hatte für mich immer oberste Priorität, und ich habe mir eine hart arbeitende Mutter ausgesucht, die diese Arbeitsmoral noch tiefer in mir verankerte.

Hin- und hergerissen zwischen Spiritualität, Heilen, Schreiben, Kreativität und Business besuchte ich die Kunsthochschule und machte einen Abschluss in Kommunikationsdesign. Ich habe meine Freizeit und viel Geld investiert, um so viel, wie ich konnte, über Seelenwachstum, Metaphysik, Lebenssinn, Intuition und Bewusstsein zu lernen.

Ich strebte eine Karriere in der Werbung an, weil meine Ideen ein Massenpublikum erreichen sollten. Aber, ehrlich gesagt, wählte ich diese Laufbahn auch, weil ich sie für den gesellschaftlich akzeptiertesten Weg hielt, mein Licht leuchten zu lassen. Ich war eine getarnte Lichtarbeiterin. Ich redete mir ein, dass die Werbewelt es mir ermöglichen würde, meine Energie in die Welt zu tragen. Wenn ich es dann eines Tages »geschafft« haben würde, könnte ich wirklich etwas verändern.

So ehrgeizig, wie ich bin, arbeitete ich Tag und Nacht an Ideen, um Werbechefs zu beeindrucken und meinen ersten Job zu bekommen. Als mir eine Stelle als Junior Creative angeboten wurde, war ich überglücklich. Sich den ganzen Tag etwas einfallen lassen, verstehen, wie die Menschen denken, mit berühmten Artdirektoren zusammenarbeiten, zu Dreharbeiten fahren und zum Essen eingeladen werden (…). Ich liebte so vieles an diesem Job, aber am Ende des Tages wartete dieses nagende Gefühl auf mich, das mir sagte, dass dieser Beruf nicht der höchste Weg für mich war.

Als ich sechs Monate in der Firma gearbeitet hatte, fusionierte sie mit einer internationalen Agentur und mir wurde gekündigt. Da ich noch nicht genug Weitblick und Erfahrung hatte, um zu erkennen, dass es nichts Persönliches war, war ich am Boden zerstört und schämte mich. Meine innere Stimme schrie, dass dies der Ausweg war, um meiner wahren Bestimmung zu folgen. Aber mein Ego sah es als Niederlage an, meinen Beruf aufzugeben. Einen Monat später fand ich eine Stelle in einer anderen Werbeagentur.

Etwa fünf Jahre später – ich war inzwischen nach London gezogen und arbeitete dort in der Werbung – fühlte ich mich erschöpft und leer. Mein Job machte mir zwar Spaß, aber er laugte mich auch energetisch aus. Um die Leere in mir zu füllen, griff ich zu Kaffee, Essen und Alkohol in geselliger Runde. Das hielt mich am Laufen. Die Kreativabteilung wurde durch Furcht regiert. Alle waren ständig auf der Hut. Sie hatten Angst, jeden Moment ihren Job zu verlieren, weil die letzten Ideen nicht zündend genug waren. Obwohl ich wusste, dass ich gut in meinem Beruf war, war mir auch klar, dass noch viel mehr in mir steckte. Etwas, von dem ich keinen Gebrauch machte. Jeden Abend kam ich völlig erschöpft nach Hause und hatte dennoch das Gefühl, dass es etwas in meinem Herzen gab, das ich in meinem Job nicht ausdrücken konnte.

Als ich Marianne Williamson sagen hörte »Du kannst deinen Arbeitsplatz verlieren, aber nicht deine Berufung«, erkannte ich etwas. Ich hatte versucht, mich in eine berufsspezifische Form hineinzuzwängen, anstatt mir meinen eigenen Weg zu meißeln. Meine Stelle war mir nur geliehen, aber meine Berufung war etwas, was mir niemand jemals wegnehmen konnte.

Ich sah mich um, aber kein Beruf schien wirklich zu mir zu passen. In dem tiefen Wissen, dass Gott füllt, was wir leer lassen, kündigte ich meinen Job und betete. Ich aktualisierte meine Website, die von nun an kühn verkündete, wer ich war. Und was für ein einzigartiges, vielseitiges Sammelsurium von Leidenschaften und Begabungen ich besaß. Ich war ehrgeizig, großherzig, kreativ. Ich hatte hohe Ziele und die Mission, die Welt durch meine Kreationen zu verändern. Ich war authentische Autorin und Reisefan (Zigeunerseele). Ich war leicht zu begeistern, fleißig, bodenständig, gläubig, seelenvoll. Außerdem wiederholte ich immer wieder folgende Affirmation:

Meine Kreationen werden Menschen auf der ganzen Welt aufbauen und inspirieren. Ich diene der Welt, indem ich ich bin.

Und was jetzt kommt, ist kein Witz: Schon in der nächsten Woche wurde mir der tollste Job überhaupt angeboten. Man wollte mich tatsächlich dafür bezahlen, dass ich um die Welt reiste und graue Orte schöner machte – mit dem *Let's Color Project.*

Ich war gesprungen, und das Universum hatte mich aufgefangen. Ein paar Wochen später begab ich mich auf Weltreise – mit einem wunderbaren Kreativteam, das die Reise filmte, fotografierte und dokumentierte. Wir brachten Farbe in Waisenhäuser und Schulen, auf öffentliche Plätze und Straßen. Ich bekam ein tolles Gehalt (doppelt so viel wie vorher). Dafür, dass ich meine Kreativität, mein großes Herz und meinen Abenteuergeist dazu einsetzte, die Welt etwas bunter zu machen.

Ich hatte auf den Ruf meiner Seele gehört und fühlte mich lebendiger als je zuvor.

ARBEITE AN DEINEM LICHT

Hast du zurzeit einen Beruf oder eine Berufung?
Steckt in dir noch mehr, das sich der Welt zeigen möchte?

Δ

DEINE SCHATZKISTE AN GABEN

Du hast mehr Gaben, als du dir vorstellen kannst. *Tausende*, die dir jederzeit zur Verfügung stehen. Die nur darauf warten, ausgepackt zu werden. Es sind die Dinge, die wie von selbst zu dir kommen. Solche, die du noch nicht einmal bemerkst, weil sie dir so angeboren und zu eigen sind, so mühelos und so reichlich vorhanden. Und dann gibt es die Gaben, an denen du irgendwann auf deinem Weg zu zweifeln begonnen hast. Die du weggesperrt und im Verborgenen gehalten hast. Weil du glaubtest, nicht gut genug zu sein. Aber das bist du. Du bist mehr als gut genug.

Dass du deine Gaben momentan nicht nutzt, bedeutet nicht, dass sie nicht da sind: die Musikerin, die Komikerin, die Dichterin, die Tänzerin, die Zuhörerin, die Optimistin, die Köchin und die Fürsorgliche. Je mehr du dich an diese Teile von dir erinnerst und sie in Anspruch nimmst, desto einfacher tritt dein echtes Selbst zutage. Dein authentisches Selbst ist so überreich, dass es magisch ist.

Deine Gaben sind die Dinge, die du gerne tust. Viele dieser Dinge machst du wahrscheinlich bereits, ohne Geld dafür zu verlangen. Es sind die Dinge, für die dir Leute danken und Komplimente machen. Die eine Sache, mit der du Stunden zubringen kannst, weil sie dich vollkommen in Beschlag nimmt. Aber nur, weil du das auch gerne kostenlos tust, musst du es nicht kostenlos machen. Du hast es verdient, für das, was dir Spaß macht, entlohnt zu werden. Tatsächlich wird das zunehmend der lukrativste Weg voranzukommen.

Um die Welt zum Leuchten zu bringen, müssen wir uns erst einmal bewusst machen, was für ein einmaliges Geschenk wir an sie sind. Es spielt keine Rolle, wer du bist. Du hast mehr Gaben als der Tag Minuten hat. Durch diesen wunderbaren Mix an Gaben wirst du erst DU.

Das mag dich überwältigen und fast ein wenig in Verlegenheit bringen, aber es ist wahr. Wenn du deine Gaben anerkennst, werden die Menschen um dich herum sie ebenfalls bemerken. Und ganz plötzlich ziehst du Gelegenheiten an, die deine Gaben zum Leben erwecken.

Zwäng dein wunderbares Selbst nicht in eine enge Form. Nimm dir all den Platz, den du brauchst, und quell über den Rand hinaus.

Ich hatte schon sechs Monate in London gelebt und auf einen Job in einer der Top-Werbeagenturen gewartet. Ich hatte einen Creative Director nach dem anderen gesprochen, und alle hatten mir dasselbe gesagt: »Wir finden Ihre Arbeit toll, aber wir haben keine Stelle für Sie.« Die Werbebranche in London unterschied sich stark von der in Australien. Ich hatte nicht nur Erfahrung in Film, Fernsehen und Print gesammelt, sondern auch Onlinefilme und Websites gemacht. Was mein Alleinstellungsmerkmal hätte sein sollen, die Vielseitigkeit, wurde hier als Nachteil betrachtet. Irgendwann erkannte ich, dass ich versucht hatte, mich in eine londonförmige Schachtel zu zwängen.

Ich hatte fast kein Geld mehr, doch weigerte ich mich, eine Stelle anzunehmen, die nicht meinem Traumjob entsprach. Und ich war zu stolz, nach Hause zu fliegen. Dann dachte ich an die Menschen, die ich am meisten bewunderte. Sie hatten nicht versucht, sich anzupassen, um Erfolg zu haben, sondern ihre Einzigartigkeit akzeptiert und ihren eigenen Weg eingeschlagen. Also schrieb ich alle Dinge auf, die einzigartig an mir waren. Ich dachte mir auch eine Affirmation aus, die all das zusammenfasste:

Ich habe einen Beruf, den nur ich *machen kann, und die Entlohnung dafür geht über meine kühnsten Träume hinaus. Meine kreativen Ideen verbreiten sich über die ganze Welt.*

Einen Monat später rief mich wie aus dem Nichts ein Creative Director an. Ich hatte mit ihm noch nicht direkt zusammengearbeitet, ihn aber mal bei einem Glas Sekt kennengelernt, als wir in der Agentur einen Neukundengewinn feierten. Wir waren ins Gespräch gekommen, und ich hatte ihm erzählt, wie gerne ich reise. Er hatte ein paar Witze über Australien gerissen und mir erklärt, was »Schottische Eier« sind.

Er sagte mir, dass der Job einzigartig sei – und ich seiner Meinung nach perfekt passen würde. Als ich diese Worte hörte, klatschte ich innerlich in die Hände. Ich wusste, dass meine Affirmation dies herbeigeführt hatte!

Ich sollte nonstop für *Skype* um die Welt reisen und andere durch Schreiben, Fotos, Filme und soziale Medien an meiner Reise teilhaben lassen. Fünf Kontinente in 33 Tagen, 27 Städte (die praktisch alle sowieso auf meiner Reiseliste standen) und viele wunderbare Menschen. Der einzige Haken war, dass ich während des Jobs ständig in Bewegung sein sollte – auch beim Schlafen. Es war einerseits eine heftige Herausforderung, andererseits eine der tollsten Erfahrungen meines Lebens.

Als ich meine eigenen Gaben anerkannt und beschlossen hatte, mich nicht in eine vorgeformte Schachtel zwängen zu lassen, hatte ich diesen Job angezogen. Er war nicht nur perfekt für mich, auch ich war für ihn perfekt geeignet. Ich habe dabei zwar viel Zeit außerhalb meiner Wohlfühlzone verbracht, aber als Resultat erkannt, dass ich über viel mehr Gaben verfügte, als mir je bewusst gewesen war.

Der alte Weg – einfach den Kopf einziehen und sich anpassen – nähert sich dem Ende. Wenn wir unsere Gaben wirklich annehmen – und uns nicht für sie entschuldigen –, erzeugen wir eine besondere Art von Magie, die man unmöglich nachahmen kann. Wenn wir unsere Gaben anerkennen, erkennt sie auch die Welt an. Im Zeitalter des Lichts werden wir dabei unterstützt, zu tun, was für uns ganz selbstverständlich ist. Wir alle werden dafür belohnt, andere an unseren einzigartigen Gaben teilhaben zu lassen.

Du musst ja nicht gleich hingehen und deinen Job an den Nagel hängen, um deinen Gaben Ausdruck zu verleihen. Sobald du dir deine Gaben zugestehst, wird sich dein Leben mit dir zusammen ausdehnen. Füge dich nicht in eine vorgefertigte Form ein. Entdecke mehr von dir, quelle über den Rand hinaus und zeige ab jetzt alle deine Gaben.

MANTRA

Ich habe einen Beruf, den nur ich machen kann, und verdiene damit mehr, als ich mir jemals hätte vorstellen können.

△

DIE UNENDLICHE GABENLISTE

Zähle alle deine Gaben auf. Es gibt keine falschen Antworten. Alles ist möglich: Dass du eine gute Zuhörerin bist, dass du einen tollen Sinn für Humor hast. Dass du nicht um den heißen Brei herumredest, dass du eine besondere Begabung dafür hast, zu sagen, was du denkst. Vielleicht hast du ein riesengroßes Herz oder bist tierlieb. Es kann deine schöne Handschrift sein oder dass du dich gut in andere hineinversetzen kannst. Es spielt überhaupt keine Rolle, welche Art von Gaben du hast. Wichtig ist nur, dass du immer wieder neue an dir entdeckst. Je mehr du aufzählst, desto mehr werden zutage treten.

ARBEITE AN DEINEM LICHT

Erstelle jetzt gleich eine Liste mit zehn deiner einzigartigen, vielfältigen Gaben. Führe diese Liste immer weiter und füge neue Gaben hinzu. Du wirst jeden Tag mehr davon entdecken.

1. ______________________
2. ______________________
3. ______________________
4. ______________________
5. ______________________
6. ______________________
7. ______________________
8. ______________________
9. ______________________
10. ______________________

△

DU MUSST NICHT BEI DER STANGE BLEIBEN

Du musst nicht bei der Stange bleiben, nur weil du schon so lange dabeigeblieben bist. Je länger du etwas beibehältst, desto schwerer fällt es dir loszulassen. Doch ganz gleich, wie lange du dich an etwas festgeklammert, alles zu retten versucht und dich abgerackert hast: Es ist leichter, es heute loszulassen als morgen.

Du schaffst das.

Auch wenn du das Gefühl hast, dass die jahrelangen Kämpfe und Mühen umsonst gewesen sind: Das Gegenteil ist der Fall, versprochen. Du bleibst nicht mit leeren Händen zurück, und nichts geht jemals verloren. Die innere Stimme, die dich ruft, hat nicht vor, von dir abzulassen. So sehr du sie auch zu übertönen versuchst, sie wird dir trotzdem schwer auf der Brust liegen, sobald du aufwachst.

Sie will nur dein Bestes.

Höre auf ihr Flüstern, ihr Nagen und Schreien. Sie sieht die neuen Aussichten schon kommen und hat ihre Gründe, warum sie dich nicht in Ruhe lässt. Ihr Nörgeln, Strampeln und Heulen wird erst aufhören, wenn du endlich loslässt.

Vertraue, gib dich hin,
lass los,gib nach.

Es kann schrecklich lange dauern, bis du dich ihr endlich hingibst. Aber sobald du es tust, wird das, wofür du bestimmt bist, sofort zu dir kommen. Und dann wirst du dich fragen, warum du es nicht schon längst getan hast.

ARBEITE AN DEINEM LICHT

Woran hältst du fest, nur weil du schon so lange dabei bist?

GEBET ZUM LOSLASSEN

Göttliche Mutter,

Möge meine Seele hartnäckig sein und mein Geist wild entschlossen.

Möge ich die Kraft haben loszulassen.
Auch wenn noch nichts Neues den Platz einnimmt.

Möge ich den Mut finden zuzuhören.
Vor allem, wenn mir nicht gefällt, was ich höre.

Und wenn ich so tue, als ob ich Dich nicht hören kann,
sprich bitte noch lauter …

Denn dann brauche ich Dich am meisten.

Danke. Und so ist es.

Δ

SCHATTENBERUFUNGEN

Jeder hat eine Berufung, aber nicht jeder hat den Mut, ihr zu folgen. Tatsächlich ignorieren die meisten ihre Berufung völlig. Allein, dass du dieses Buch liest, ist schon eine ziemlich bemerkenswerte Leistung.

In Anlehnung an Julia Camerons Konzept des »Schattenkünstlers« nenne ich es »Schattenberufung«, wenn wir nicht den Mut haben, unserer höchsten Berufung zu folgen – und uns daher mit etwas auf dem halbem Weg zufrieden geben. Musikmanager, die gerne selbst singen würden. Filmproduzenten, die lieber Regisseure wären. Künstleragenten, die eigentlich auf der Bühne stehen sollten. Historiker, die Geschichte schreiben könnten. Und Werbetexter, in denen zig Romane schlummern.

Nur du selbst weißt, ob du einer Schattenberufung folgst.

Vom Spielfeldrand aus zuzusehen, ist eine Höllenqual. Deine Gaben sind dazu da, ausgedrückt zu werden. Wenn du sie nicht aktiv nutzt, findet das Universum einen Weg, um sie aus dir herauszulocken. Das kann auf eine Art geschehen, die dir nicht dient.

Tief in meinem Inneren habe ich immer gewusst, dass ich schreiben, heilen und andere Menschen aufrichten wollte. Ich fand mich selbst in einer Schattenberufung als Werbetexterin wieder. Es gab vieles, was ich an diesem Beruf liebte. Schließlich wurde ich dafür bezahlt, zu schreiben und mir etwas auszudenken. Dennoch fühlte ich mich nach jedem Arbeitstag unzufrieden, weil ich meine anderen Gaben – nämlich andere zu heilen und aufzubauen – nicht bewusst auslebte.

Daher forderte das Leben von mir, andere zu heilen und zu motivieren. Und zwar ganz unabhängig von meinem Beruf. Mein fester Freund litt an einer chronischen Depression, und ich brauchte einen Großteil meiner Energie dafür auf, nach Möglichkeiten zu suchen, ihn da durchzubekommen. Auch andere enge Freunde von mir hatten Depressionen.

Zu dieser Zeit arbeitete ich in einem Team mit einem Mann zusammen, der an allen vier Gliedmaßen behindert war. Ich habe mir ausgesucht, mit ihm zusammenzuarbeiten, weil er mich so inspiriert hat. Er konnte sich vom Hals an abwärts nicht bewegen. Seine Brille verfügte über einen Laserchip, der mit seinem Computer verbunden war, sodass er die Photoshop-Software durch seine Kopfbewegungen steuern konnte. Wir teilten uns ein Büro. Pflegerinnen gaben ihm jede Stunde etwas zu essen oder zu trinken, veränderten seine Position oder brachten ihn auf die Toilette. Wenn sie nicht da waren, sprang ich für sie ein. Während unserer Zusammenarbeit musste bei ihm ein Notfall-Luftröhrenschnitt durchgeführt werden. Er brauchte fast jede Stunde Hilfe dabei, seine Lunge freizubekommen. In praktisch allen Bereichen meines Lebens wurde von mir verlangt, dass ich andere aufrichtete. Aber ich selbst war langsam am Ende. Es war *so* ermüdend.

Jetzt erkenne ich, dass das Universum mich dadurch aufwecken wollte. Ich sollte endlich den richtigen Weg einschlagen. In Wahrheit war diese schwierige Phase meines Lebens ein Segen.

Je länger du in einer Situation ausharrst, die nicht die richtige ist, desto schwerer fällt dir der Sprung zu deiner höchsten Berufung. Ich weiß, wie schwierig das ist, wenn du so hart für etwas gearbeitet hast. All das loszulassen, macht dir Angst. Doch letztlich wird es weitaus weniger furchterregend und schwer sein, als du denkst. Nichts ist je umsonst gewesen. Je früher du springst, desto eher wirst du auf diesen Moment zurückblicken und dir sagen: Ich bin *so* froh, dass ich den Mut gefunden habe zu springen.

ARBEITE AN DEINEM LICHT

Verfolgst du eine Schattenberufung oder deine wahre Berufung?
Wozu ruft deine Seele dich *wirklich* auf?

SCHÜTTLE ES AB!

Man bleibt leicht an etwas hängen, weil man gut darin ist. Oder weil man schon so lange gut darin war und Angst hat loszulassen.

Je fähiger du bist und je mehr du kannst, desto schwieriger ist es, deine natürlichen Begabungen von den Dingen zu unterscheiden, die du gelernt hast oder zu denen du dich gezwungen hast. Besonders, wenn deine Motivation die Bestätigung durch andere ist.

ARBEITE AN DEINEM LICHT

Worin hast du gelernt, gut zu sein, obwohl es dir keinen Spaß macht?

MEHRERE BERUFUNGEN

»Wo willst du, dass ich hingehe?
Was willst du, dass ich tue?
Was willst du, dass ich sage und zu wem?«

EIN KURS IN WUNDERN

Wir brauchen mehr Leute mit erwachtem Bewusstsein in verantwortungsvollen Positionen – in allen Bereichen der Gesellschaft. Vielleicht wurdest du erst dazu berufen, in einer Branche zu arbeiten und dann in einer anderen. Sei nicht zu hart zu dir selbst, wenn du dich plötzlich dazu berufen fühlst, etwas anderes zu machen. Nichts ist je umsonst gewesen. Denke dran: Deine Seele ruft dich unentwegt, jeden einzelnen Moment an jedem Tag. Nicht nur einmal und nie wieder.

Wenn wir unser Leben dem Ziel widmen, zu Diensten zu sein, werden wir immer geführt werden. Das bedeutet nicht, dass du vorher falsch gelegen hast. Wichtig ist nur, dass du zuhörst, vertraust und noch heute nach dem Ruf deiner Seele handelst. Dann bekommst du alles, was dir bisher vorenthalten wurde. Du wirst auf jedem Schritt deines Weges unterstützt.

ARBEITE AN DEINEM LICHT

Wozu fühlst du dich genau in diesem Moment aufgerufen?

DIE PUNKTE FÜGEN SICH AM ENDE ZUSAMMEN

Erst vor zwei Wochen fügten sich bei mir die vielen einzelnen Punkte zu einem Gesamtbild zusammen, durch das ich erkannte, dass ich schon immer Autorin werden wollte. Ich war mit meinen Eltern, die aus Australien zu Besuch gekommen waren, in Paris. Weil meine Mom wusste, dass ich dieses Buch schreiben wollte, hatte sie mir ein Kinderbuch mitgebracht, das ich als 13-Jährige für die Schule schreiben musste.

Später hörte ich zufällig, wie Mom meinem Verlobten sagte, sie habe schon immer gewusst, dass ich eines Tages Autorin werden würde. Ich hätte schriftlich schon immer gut meine Gefühle ausdrücken können, über die ich nicht reden konnte.

Sie erzählte, dass mir meine tieferen Gefühle einfach nicht über die Lippen kamen, vor allem während eines Streits. Da ich keine Worte fand, um zu erklären, wie ich mich fühlte, brach ich oft in Tränen aus. Ich hasste das und rannte in mein Zimmer, schnappte mir Stift und Papier und ließ meinem Herz freien Lauf. Eine halbe Stunde später bekamen meine Eltern einen zehnseitigen Brief unter ihrer Schlafzimmertür durchgeschoben. Wenn ich sehr wütend war, knallte ich ihn auf den Küchentisch. Darin wurde aus sämtlichen Blickwinkeln erläutert, was passiert war und wie sich jeder von uns dadurch gefühlt hatte. Mom lachte und sagte: »Wir hatten keine Ahnung, woher sie diese psychologische Einsicht hatte und was wir damit anfangen sollten. Sie dachte so viel über alles nach.«

Das Komische ist, dass ich meiner Mom früher nie geglaubt habe, wenn sie mir sagte, dass ich »gut mit Worten« umgehen könnte. Für mich war jemand, der gut schreibt, jemand, der die Rechtschreibung perfekt beherrscht, schnell liest, gute Noten in Englisch hat, haufenweise Bücher verschlingt und ein umfangreiches Vokabular benutzt. Nichts davon traf auf mich zu.

Aber ich hatte mein ganzes Leben lang ein großes Bedürfnis danach, meinem Herzen Ausdruck zu geben. Im Rückblick ist es offensichtlich, dass mich mein Weg dorthin führen würde, mir etwas von der Seele zu schreiben. Von meinen Gefühlen und den Erfahrungen, die ich gemacht hatte. Doch früher hatte ich absolut null Ahnung davon. Die Punkte ergeben erst einen Sinn, wenn man sie irgendwann miteinander verbinden kann. Am Ende fügen sie sich immer zu einem Bild zusammen.

ARBEITE AN DEINEM LICHT

Wie warst du als Kind?
Was ist dir leicht gefallen?
Was ist dir schwergefallen?
Wie hast du dich von anderen Kindern unterschieden?

WIDME DEIN LEBEN EINEM ZWECK

Wem oder was auf der Welt würdest du dein Leben widmen, wenn du die Chance dazu hättest? (Und die hast du.) Es kann eine Sache sein, ein guter Zweck, viele verschiedene Dinge, ein bestimmter Mensch. Etwas, an das du glaubst, oder etwas, das dich stört. Wofür du jeden Tag aufstehst. Wofür du lange arbeitest. Was dich durch schlechte Zeiten bringt. Und durch die guten schweben lässt.

Was tust du unermüdlich, selbst wenn du erschöpft bist? Oder ganz besonders, wenn du erschöpft bist? Was erweckt dich wieder zum Leben?

Was tust du, wenn niemand dir zusieht? Wofür möchtest du bekannt sein? Wenn du eine Sache ändern könntest, welche wäre es? Was würdest du auch noch tun, wenn du der letzte lebende Mensch auf dem Planeten wärst?

ARBEITE AN DEINEM LICHT

Wenn du dein ganzes Leben einer einzigen
Sache widmen müsstest, welche wäre es?

DER SINN
DES LEBENS IST,
DEINE GABE ZU FINDEN.
DER ZWECK
DES LEBENS IST,
SIE ZU VERSCHENKEN.

PABLO PICASSO

FRAG DEN TEIL VON DIR, DER BESCHEID WEISS

Wer sind deine Vorbilder? Womit verdienen sie ihren Lebensunterhalt?

Über welches Thema kannst du gar nicht genug Informationen bekommen?

Was ist deine größte Leidenschaft?

Was fällt dir ganz leicht?

Wofür danken dir andere Leute oft?

Was tust du lieber als alles andere?

Was ist dein Lieblingszitat?

Was ärgert dich am meisten auf der Welt?

Was ist dein heimlicher Traum?

Worüber kannst du stundenlang reden, ohne zu merken, wie die Zeit verfliegt?

Wofür würdest du am Sonntag um sechs Uhr morgens aufstehen?

Wenn du eine öffentliche Rede halten dürftest und wüsstest, dass sie ein durchschlagender Erfolg werden würde, wovon handelte sie?

Wovon handeln die meisten Bücher, die du besitzt?

Wenn es dir egal wäre, was die Leute denken, was würdest du tun?

Wenn du deine berufliche Laufbahn noch einmal ganz von vorn beginnen könntest, was würdest du tun?

Wenn du nur noch fünf Jahre zu leben hättest, was würdest du tun?
Wie wärst du gern, wenn du richtig erwachsen bist?

Wenn du zu dem Tag zurückgehen könntest, an dem du von der Schule abgegangen bist, welchen Beruf würdest du wählen?

Wenn dir dein 88-jähriges Selbst einen Rat geben würde, was würde es wohl sagen?

Wenn dir dein achtjähriges Selbst einen Rat geben würde, was würde es wohl sagen?

Wozu ruft dich deine Seele in diesem Moment wirklich auf?
Was willst du dafür tun?

WAS BRINGT DICH ZUM LEUCHTEN?

»Die Dinge, für die wir uns begeistern, sind kein Zufall – sie sind unsere Bestimmung.«

FABIENNE FREDRICKSON

Wir bringen die Welt zum Leuchten, wenn wir das tun, was uns zum Leuchten bringt. Dich bringt etwas ganz anderes zum Leuchten als mich. Es gibt keinen falschen Weg, keine Kardinalsfehler und keinen kompletten Tag-für-Tag-Plan, der vom »großen G« in Stein gemeißelt wurde. Wir sind hier, um die einzigartigen Gaben zu teilen, die jedem von uns mitgegeben wurden. Es gibt kein großes Geheimnis, das erst gelüftet werden muss, und keinen Vertrag, in dem steht: »Erst machst du x, dann machst du y, und gleich danach machst du z. «Wir entdecken unsere Seelenberufung nicht, wir decken sie auf. Indem wir der Spur der Dinge folgen, die uns zum Leuchten bringen. Und dann gehen wir ganz in ihnen auf. Wenn du gerne an Blumen riechst, riech an Blumen. Wenn du gerne schreibst, fange an zu schreiben. Wenn du gerne Veranstaltungen organisierst, veranstalte eine Show. Wenn du gerne malst, hol die Pastellkreiden raus. Wenn du Rohkost liebst, fange an zu hacken. Wenn du gerne fotografierst, mach so viele Schnappschüsse, wie du nur kannst. Wenn du gerne zu rhythmischer Klassik tanzt, dann zeige mir einen Wiegeschritt! Und denke nicht, dass du nur eines tun kannst. Gib deiner vieldimensionalen Seele, wonach sie sich sehnt. Mach einfach alles.

Tu es nicht aus einem bestimmten Grund oder zu einem bestimmten Zweck. Tu es einfach, weil du es gerne tust. Tu es, ohne zu wissen, wohin es führt.

Wenn du dem nachgehst, was du gerne tust, nimmt das Universum deine erweiterten Gefühle wahr und sendet dir mehr Dinge, die zu deiner neu gewonnenen Ausdehnung passen.

Als ich anfing, das zu tun, was mich zum Leuchten brachte, entdeckte ich, dass ich gerne fotografierte, Dinge verschönerte und mich in der Natur aufhielt. Aber am meisten liebte ich es, anderen durch das Schreiben mitzuteilen, was meine Seele mir zuflüsterte. Dabei schrieb ich eigentlich nicht direkt für andere, sondern hauptsächlich, um mich selbst mit meiner Seele in Verbindung zu setzen. Ich gab mir selbst die Erlaubnis, jeden einzelnen Tag damit zu spielen. Nicht, weil ich etwas Spezielles erschaffen wollte, sondern einfach nur aus Spaß an der Freude.

Eines Tages ging ich gerade im Holland Park spazieren, als ich meine Seele flüstern hörte. Ich schrieb es sofort mit meinem Lieblingskuli in mein Notizbuch. Dann machte ich ein wunderschönes Foto von mir, wie ich das Notizbuch hielt. Darauf waren auch mein großer Türkisring und ein paar Pfingstrosen im Hintergrund zu sehen. Ich postete das Bild auf *Instagram*, mit ein paar Worten, die förmlich aus mir herausflossen. Ich schrieb nicht für andere, ich schrieb für mich selbst. Ich fühlte mich leicht, energetisiert, ausgedehnt und voller Freude.

Also machte ich am nächsten Tag wieder das Gleiche. Und am übernächsten. Und am überübernächsten. Ehe ich es realisierte, war ich auf etwas gekommen, was ich mittlerweile *#RebeccaThoughts* nenne und regelmäßig auf meinem Blog und meinen Profilen in den sozialen Medien poste. Es macht mir einen Riesenspaß, diese Gedanken zu formulieren. Ich könnte mich stundenlang damit beschäftigen. Wenn ich sie niederschreibe, werde ich an einen Ort versetzt, wo es keine Zeit gibt, wo ich ganz in meiner Tätigkeit aufgehe und eine höhere Gegenwart einsetzt. Irgendwann wurde aus *#RebeccaThoughts* das kostenlose *Instant Guidance Oracle* auf meiner Website.

Nachdem ich diese kleine Übung eine Zeit lang jeden Tag voller Freude gemacht hatte, kristallisierte sich allmählich mein individueller Schreibstil heraus. Und so schrieb ich jeden Tag. Erst zehn Minuten, dann 20, dann 30, dann mehrere Stunden am Stück. Irgendwann wurde ich dann dafür bezahlt, von *#RebeccaThoughts* inspirierte Gedanken für andere zu schreiben.

Ich übte weiter, und so entstanden die Kapitel dieses Buchs. Was als fünfminütiges Spiel aus reinem Spaß an der Freude begann, ist jetzt ein Vollzeitjob. Und das kam nur dadurch zustande, dass ich immer weiter das getan habe, was mich zum Leuchten bringt, ohne mich an das Ergebnis zu klammern.

Fang klein an und folge der unsichtbaren Spur der Dinge, die du liebst. Und ganz plötzlich landest du mittendrin in deiner Berufung.

ARBEITE AN DEINEM LICHT

Was bringt dich zum Leuchten? Was tust du gern? Was erfüllt dich mit Freude, was inspiriert dich, was begeistert dich, wodurch fühlst du dich ganz leicht?

1. __________
2. __________
3. __________
4. __________
5. __________
6. __________
7. __________
8. __________
9. __________
10. __________

Nimm dir jeden Tag etwas Zeit, um eines dieser Dinge zu tun – oder sogar mehrere davon. Der Trick besteht darin, ganz spielerisch an die Sache heranzugehen. Klammer dich nicht an ein Endergebnis, sondern hab einfach Spaß an den Dingen, die dich zum Leuchten bringen.

FOLGE DEM, WAS DICH ZUM LEUCHTEN BRINGT. DANN WIRST DU DIE WELT ZUM LEUCHTEN BRINGEN.

BRINGT ES DICH ZUM LEUCHTEN?

»Lauf, mein Liebes,
lauf allem davon,
was deine kostbaren,
knospenden Flügel
beschneiden könnte.«

HAFIZ

Jede Entscheidung, die wir treffen, bringt uns entweder näher zu uns selbst oder weiter von uns weg. Oft fällt es uns schwer, uns auf diese subtile Energie einzustimmen. Aber tief in unserem Inneren ist alles entweder ein Ja oder ein Nein. Es fühlt sich gut an, oder es fühlt sich nicht so gut an. Helligkeit oder Dunkelheit. Abwenden oder Nachhausekommen.

ARBEITE AN DEINEM LICHT

Wenn du das nächste Mal vor einer Entscheidung
stehst, stell dir selbst die einfache Frage:
Welche Lösung bringt mich zum Leuchten?

△

DU BIST SO WIE DEINE VORBILDER

Alles, was Menschen je getan haben, steckt ebenfalls in dir. Du fühlst dich zu den Menschen hingezogen, die du bewunderst, weil du in ihnen etwas wiedererkennst, was auch in dir selbst steckt. Das, was du in den Menschen siehst, die du am meisten bewunderst, ist genau das, was dich deine Seele am meisten ausdrücken lassen will.

Einer der größten Aha-Momente in meinem Leben war es, als ich Maya Angelou über Terenz sprechen hörte, einen Komödiendichter, der ca. von 195-159 vor Christus lebte. Er schrieb:

Ich bin ein Mensch, nichts Menschliches ist mir fremd.

Bis dahin hatte ich immer mit einer – man kann es nicht anders sagen – ungesunden Bewunderung zu meinen Lehrern aufgesehen. Zu meinen Idolen, Chefs oder anderen Anführern. Ich stellte sie auf ein unerreichbares Podest, als ob sie über mir stünden. Als ob sie etwas hätten, was ich gerne haben wollte. Ich dachte, wenn ich nur hart genug daran arbeitete, so zu werden wie sie, dann wäre ich eines Tages vielleicht genauso gut.

Während ich Maya Angelous beruhigende Stimme in mich aufsog, erkannte ich, dass sich meine Vorbilder gar nicht allzu sehr von mir unterschieden. Es waren alles phänomenale Frauen: Oprah, Sonia Choquette, Elizabeth Gilbert, Miranda MacPherson und Maya Angelou selbst. Ich bewunderte sie genau deshalb, weil sie einige der Eigenschaften verkörperten, die auch ich selbst tief in mir trug. Ich hatte mir nur noch nicht gestattet, sie auch auszuleben.

Die Frauen, die ich bewunderte, waren engagiert, mutig, authentisch, empathisch. Heilerinnen, widerstandsfähig, voller Gnade, kraftvoll, abenteuerlustig. Künstlerinnen, Mystikerinnen, wagemutig, stark. Intuitiv, aufrichtig, Anführerinnen, mütterlich.

Der einzige Unterschied zwischen ihnen und mir war ihre Erfahrung, und dass sie ihr einzigartiges Licht tapfer auf ihre eigene, individuelle Weise leuchten ließen. Ohne dass ihnen ihr Ego dabei in die Quere kam. Sie standen offen zu den Eigenschaften, die ich ebenfalls endlich nutzen sollte. Sobald ich das erkannt hatte, fiel es mir leichter, mir selbst aus dem Weg zu gehen und das Licht einfach durch mich hindurchscheinen zu lassen. Auf die Art, wie nur ich es konnte.

ARBEITE AN DEINEM LICHT

Erstell eine Liste mit den fünf Personen, die du am meisten bewunderst – deinen Vorbildern.

1. ______________________________
2. ______________________________
3. ______________________________
4. ______________________________
5. ______________________________

Nun schreib die drei Eigenschaften auf, die dich am meisten an ihnen beeindrucken.

1. ______________________________
2. ______________________________
3. ______________________________

Diese drei Eigenschaften trägst auch du in dir. Wie kannst du schon heute damit anfangen, ihnen in deinem Leben Ausdruck zu geben?

DIE WELT
WIRD DIR NUR SO VIEL
ANERKENNUNG GEBEN,
WIE DU SELBST DIR
ANERKENNUNG GIBST.

GIB DIR SELBST ANERKENNUNG

»Es ist besser, in der Arena vom Stier niedergetrampelt zu werden, als auf der Zuschauertribüne oder dem Parkplatz zu stehen.«

STEVEN PRESSFIELD

Du bist bereits alles, was du gerne sein möchtest. Ehe du nicht innehältst und alles anerkennst, was du bereits bist, spiegelt die Welt dein Warten auf eine Erlaubnis wider. Und die äußeren Umstände verzögern dein Vorankommen immer wieder. Alles, wovon du träumst, wonach es dich verlangt und wonach du dich sehnst, bist du bereits. Sicher, manche Dinge, die damit einhergehen würden, sind vielleicht noch nicht da. Aber das liegt nur daran, dass wir darauf warten, dass uns eine Macht außerhalb unserer selbst die Erlaubnis gibt, zu sein, was wir bereits sind. Hör auf, dir etwas zu wünschen, und fange an zu glauben. Lebe so, als ob du bereits so wärst, wie du es dir wünschst. Denn das bist du.

Wenn du Schriftstellerin sein willst, liegt das daran, dass du bereits Schriftstellerin bist. Wenn du Künstlerin sein willst, liegt das daran, dass du bereits Künstlerin bist. Wenn du Mutter sein willst, liegt das daran, dass du bereits Mutter bist (ganz gleich, ob du Kinder hast oder nicht). Wenn du Heilerin sein willst, liegt das daran, dass du bereits Heilerin bist. Wenn du Sängerin sein willst, liegt das daran, dass du bereits Sängerin bist.

Was immer du sein willst, du bist es bereits.

Sprich laut aus, was du heute schon bist. Und dann tu es einfach. Schreibe. Erschaffe etwas. Kümmere dich um jemanden. Heile. Singe. Wenn du das von nun an jeden Tag machst, wandelt sich die Sehnsucht, die ausgedrückt werden möchte, in den Anspruch darauf, wer du wirklich bist. Denn was ausgedrückt werden will, ist dein wahres Selbst.

ARBEITE AN DEINEM LICHT

Was möchtest du insgeheim sein?
(Beispiel: Ich wäre gerne Künstlerin.)

Wie kannst du dich so verhalten, als wärst du es bereits?
(Beispiel: Ich werde jeden Tag malen.)

Δ

ZU HAUSE IST ES AM SCHÖNSTEN

Dorothys Reise in *Der Zauberer von Oz* schildert die Lebensreise von uns allen. Wir suchen im Norden, Süden, Osten und Westen, nur um am Ende zu entdecken, dass das, wonach wir suchen, schon immer in uns war. Das Gleiche gilt für die Suche nach unserer Berufung.

Die Vogelscheuche, der Blechmann und der Löwe glauben alle, dass ihnen eine bestimmte Sache fehlt. Sie denken, wenn sie die nur hätten, würden sie sich ganz fühlen und ihr Leben hätte einen Sinn. Die Vogelscheuche glaubt, sie habe kein Gehirn. Der Blechmann schlägt sich mit seinem fehlenden Herzen herum. Und der Löwe denkt, ihm mangele es an Mut. Dabei ist die Vogelscheuche in Wahrheit am klügsten von allen, der Blechmann strotzt nur so vor Mitgefühl, und der Löwe hat das tapferste Herz.

Sie glauben, dass sie den allmächtigen Zauberer fragen müssen, wie sie ihre fehlenden Eigenschaften erlangen können. Sie suchen also nach der Erlaubnis, Genehmigung oder Bestätigung einer externen Macht. Im Laufe der Reise bringt genau die gesuchte Eigenschaft jeden von ihnen an sein Ziel. Der Zauberer »offenbart« ihnen dann diese Eigenschaft und ihre wahre Bestimmung. Die Vogelscheuche wird der weise Herrscher der Smaragdstadt, der Blechmann ein barmherziger Anführer und der Löwe ein mutiger König.

Oft tragen wir genau das, was uns unserer Ansicht nach fehlt, bereits in uns. Es ist unsere Gabe, doch wir müssen erst unsere Ängste überwinden, um zu ihr zu gelangen.

ARBEITE AN DEINEM LICHT

Was, glaubst du, fehlt dir?
Stimmt das wirklich?

△

DEINE GRÖSSTE ANGST IST DER TORHÜTER ZU DEINER HÖCHSTEN BERUFUNG

»Faustregel: Je wichtiger eine Entscheidung oder Tätigkeit für unsere seelische Entwicklung ist, desto stärkeren Widerstand werden wir spüren, wenn wir dieses Ziel verfolgen wollen.«

STEVEN PRESSFIELD

Unsere höchste Berufung sitzt direkt hinter unserer zentralen Angst. Wie Steven Pressfield sagt: »Je höher die Berufung, desto mehr Ängste kreisen wahrscheinlich darum.« Das ist ärgerlich, aber wahr!

Wenn wir in unser größtes, strahlendstes, ausgedehntestes Selbst eintreten, wird immer unsere zentrale Angst ausgelöst. Zentrale Ängste basieren auf Erlebnissen in der Kindheit. Und unser Ego nimmt diese Erfahrungen als Beweis dafür, dass wir von allen anderen getrennt und ganz allein auf der Welt sind.

Du bist nicht getrennt. Du bist nicht allein.

Das Ego erstellt Glaubenssätze, die ständig in unserem Kopf kreisen. Indem wir begreifen, was uns die Glaubenssätze unseres Egos sagen, können wir der Angst Einhalt gebieten, sodass sie weniger Macht über uns hat. Einige Beispiele für solche Glaubenssätze können sein:

- Ich bin nicht gut genug.
- Ich bin schlecht.
- Ich bin nichts wert.
- Ich bin ganz allein.
- Irgendetwas stimmt nicht mit mir.

- Jeder verlässt mich.
- Ich sollte mich schämen.
- Ich bin nicht liebenswert.
- Ich bin nichts.
- Es ist nicht sicher, ich selbst zu sein.

Welcher Satz spricht dich am meisten an? Kannst du ihn auf ein Kindheitserlebnis zurückführen? Wann hast du dich zum ersten Mal so gefühlt?

Je bewusster wir uns dieser Dinge werden, desto weniger Macht haben unsere zentrale Angst und die Glaubenssätze unseres Egos mit der Zeit über uns.

Meine zentrale Angst dreht sich um Zurückweisung. Die dazu gehörenden Glaubenssätze lauten: Ich bin nicht gut genug und Es ist gefährlich, ich selbst zu sein. Diese Angst entstand, als ich etwa acht Jahre alt war und aus meinem Freundeskreis in der Schule ausgeschlossen wurde. Dieses an sich normale Kindheitserlebnis hatte eine traumatische Wirkung auf mich. Ganz plötzlich sah ich die Welt mit anderen Augen, und meine Glaubenssätze setzten ein. Wenn ich zurückblicke, war diese Angst vor Zurückweisung der Grund dafür, weshalb ich meine Spiritualität so lange verborgen gehalten habe. Und meiner Berufung so lange nicht gefolgt bin.

Als ich mich dann ernsthaft dazu entschloss, meiner Berufung nachzugehen, erwachte diese Angst von Neuem – und zwar richtig. Tatsächlich spüre ich sie jedes Mal erneut hochkommen, wenn ich auf meine Seele höre, die sagt, ich solle mich weiter ausdehnen. Dann sagt eine Stimme in meinem Kopf: *Mensch, Mädchen, was glaubst du, wer du bist?*

Aber wenn diese Stimme jetzt kommt, weiß ich, dass ich auf etwas Gutes gestoßen bin. Also lasse ich die Angst zu, fühle sie und spreche sie laut aus. Entweder mir selbst gegenüber oder, noch besser, zu einer guten Freundin. Dann frage ich mein jüngeres Selbst, das dieses Trauma erlitten hat, was es hören muss, um sich unterstützt zu fühlen.

Wenn du merkst, wie deine Angst in dir hochsteigt, ist das eigentlich ein gutes Zeichen dafür, dass du dich in die richtige Richtung ausstreckst.

Wenn du auf Nummer sicher gehen und deine Berufung einfach ignorieren würdest, dann hätte dein Ego nichts zu verlieren. Nur wenn du in deine volle Größe eintrittst und dich dazu entschließt, dich auszudehnen, erwachen deine Ängste.

Betrachte deine Ängste als Chancen zu wachsen anstatt als etwas, was dich zurückhält. Wenn du deine Ängste in diesem Licht betrachtest, sind sie ein Zeichen dafür, dass du auf dem richtigen Weg bist. So unangenehm sie auch sein mögen.

Meine Lehrer haben mich immer eines gelehrt: Wenn es dir nicht ein bisschen unangenehm ist, dann wächst du dadurch wahrscheinlich auch nicht. Und der Sinn unseres Lebens besteht darin, zu wachsen. Wenn du also Angst bekommst, dann klatsch in die Hände und sage laut »JA« dazu, dass du dich ausdehnst.

ARBEITE AN DEINEM LICHT

Sieh dir die oben genannten Beispiele für Ego-Glaubenssätze an und frag dich: Was ist meine zentrale Angst?
Spür dieses Gefühl in deinem ganzen Körper und geh zu deiner ersten Erinnerung davon zurück. Es muss keine bewusste Erinnerung sein, es kann sich dabei nur um ein Gefühl oder ein Lebensalter handeln.
Frag dein jüngeres Selbst: Was muss ich hören, um mich sicher, geliebt und unterstützt zu fühlen?
Nun sage dir das selbst. Denn genau das musst du jetzt wahrscheinlich ebenfalls hören.
Wenn diese Angst das nächste Mal in dir hochsteigt, klatsche freudig in die Hände und frag die jüngere Version von dir, was sie hören möchte, damit sie sich sicher, geliebt und unterstützt fühlt.

△

WENN ICH KEINE ANGST HÄTTE, WÜRDE ICH …

1. ______________________________
2. ______________________________
3. ______________________________
4. ______________________________
5. ______________________________
6. ______________________________
7. ______________________________
8. ______________________________
9. ______________________________
10. ______________________________

Siehst du all diese Dinge? Tu sie! Und zwar jetzt gleich.

GEBET ZUM AUSDEHNEN

Geliebter Rat des Lichts.

Führe meine Hände, mein Herz, meinen Mund und meine Füße.

Wenn ich mich festklammere, erinnere mich daran, mich hinzugeben.

Wenn ich dich ignoriere, sprich lauter als zuvor.

Wenn ich denke, dass es um mich geht,
hilf mir dabei, mir selbst aus dem Weg zu gehen.

Wenn ich voller Angst bin, lass mich
meine Angst als Wachstumschance sehen.

Danke, dass du den ganzen Tag lang durch mich wirkst.

Und so ist es.

WAS KANN SCHLIMMSTENFALLS PASSIEREN?

Es macht uns Angst, alles, was wir kennen, loszulassen. Und das nur für die vage Hoffnung, dafür etwas anderes herbeizurufen. Es ist ganz normal, dass wir Angst haben, alles loszulassen, was wir so gut kennen.

Viele meiner Klienten sagen mir, dass sie ihren Job am liebsten kündigen würden. Aber der Sprung, der ihnen bevorsteht, jagt ihnen so große Angst ein, dass sie ganz vergessen, wovor sie davonspringen. Wenn ich sie dann frage: »Was ist denn das Schlimmste, was passieren kann?«, antworten sie in der Regel: »Es könnte nicht klappen, und dann muss ich wieder in meinen alten Beruf zurück.«

Mit anderen Worten: Falls das bestmögliche Ergebnis aus irgendeinem Grund nicht zustande kommen sollte, würde der schlimmste denkbare Fall darauf hinauslaufen, dass sie in der gleichen Situation wären wie jetzt.

Sie haben solche Angst vor der schlimmsten Situation, die eintreten könnte, dass sie gar nicht erkennen, dass sie sich bereits darin befinden.

Das Leben kommt den Mutigen entgegen. Das Universum will dich unterstützen.

Hol tief Luft und spring.

ARBEITE AN DEINEM LICHT

Was jagt dir Angst ein, obwohl du dich dazu berufen fühlst?
Was wirst du in zehn Jahren bereuen, wenn du es jetzt nicht tust?
Was kann schlimmstenfalls passieren, wenn du den Sprung wagst?
Was kann schlimmstenfalls passieren, wenn du bleibst, wo du bist?

FÜNF MENSCHEN

Jim Rohn hat einmal gesagt: »Du bist der Querschnitt aus den fünf Menschen, mit denen du die meiste Zeit verbringst.« Das ist eine ziemlich starke Aussage, wenn du einmal darüber nachdenkst.

Was die Schwingungen angeht, gleichen sich die höchsten und die schwächsten Schwingungen in einer Gruppe von Leuten immer aus. Wenn du immer Zeit mit Menschen verbringst, die dich runterziehen, wirst du runtergezogen werden. Wenn du den größten Teil deiner wachen Stunden mit Leuten zusammen bist, die deine Träume und Überzeugungen nicht ernst nehmen, fängst du wahrscheinlich auch irgendwann an, daran zu zweifeln. Gleichermaßen färbt es auf dich ab, wenn du dich mit Menschen umgibst, die alles für möglich halten.

Wenn wir auf einem spirituellen Weg sind, befinden wir uns in einem kontinuierlichen Wachstumszustand. Das kann auch zur Folge haben, dass wir aus Beziehungen herauswachsen, die früher einen großen Teil unseres Lebens ausgemacht haben. Wenn das geschieht, fällt es uns oft schwer, uns nicht an ihnen festzuklammern. Je stärker wir jedoch an Menschen festhalten, die in energetischer Hinsicht nicht mehr zu unserem neuen Leben passen, desto weiter entfernen wir uns von unserem richtigen Weg – und unserem wahren Selbst. Und sie sich auch von ihrem.

Beziehungen loszulassen, die uns nicht länger nützen, zeigt keinen Mangel an Liebe, sondern eher das Gegenteil. Es gibt Zeiten, in denen wir loslassen müssen, um Platz für neue Menschen in unserem Leben zu schaffen. Manche Menschen begleiten uns nur eine Weile, manche einen Lebensabschnitt und manche ein ganzes Leben lang.

Wenn du deinem wahren Weg folgst, wirst du niemals allein sein. Denn er ist voller Menschen, die direkt neben dir gehen.

ARBEITE AN DEINEM LICHT

Schreib die Namen der fünf Personen auf, mit denen du gerade die meiste Zeit verbringst.

1. ____________________________
2. ____________________________
3. ____________________________
4. ____________________________
5. ____________________________

Vertreten und ermuntern diese fünf Menschen dein größtes Selbst? Sorgen sie dafür, dass du dich ausdehnst oder zusammenziehst?

Fühlst du dich durch sie frei oder eingeengt?

Inspirieren oder langweilen sie dich?

Fordern sie dich heraus zu wachsen?

Unterstützen sie dich?

Freuen sie sich, wenn du gewinnst?

Glauben Sie an ähnliche Dinge wie du?

Ermutigen sie dich zu leuchten?

Stehen sie im Einklang mit dem Leben, das du dir bewusst erschaffst?

△

KLEINE ÜBUNG ZU DEINER HÖCHSTEN BERUFUNG

Wenn du aus dem Stegreif fünfmal raten müsstest, was deine höchste Berufung sein könnte, was würde dir einfallen?

1. ______________________________
2. ______________________________
3. ______________________________
4. ______________________________
5. ______________________________

Kreise die Berufung ein, für die du dich am meisten begeisterst.
Wenn du diese Berufung mit drei Worten beschreiben müsstest, wie würden sie lauten?

1. ______________________________
2. ______________________________
3. ______________________________

Wenn du sie mit nur einem Wort beschreiben müsstest, welches wäre es?

MONETEN

Wenn du eine Million Euro für deine Berufung ausgeben könntest, wofür würdest du sie verwenden?

Wenn du 10.000 Euro für deine Berufung ausgeben könntest, wofür würdest du sie verwenden?

Wenn du 1.000 Euro für deine Berufung ausgeben könntest, wofür würdest du sie verwenden?

Wenn du 100 Euro für deine Berufung ausgeben könntest, wofür würdest du sie verwenden?

Wenn du überhaupt kein Geld, dafür aber alle Zeit der Welt in deine Berufung stecken könntest, in was würdest du deine Zeit investieren?

DAS UNIVERSUM FÄNGT DICH AUF

Das Universum will dich immer unterstützen, aber erst musst du springen.

Ich wusste schon seit zwölf Monaten, dass ich meinen Job in der Werbung definitiv aufgeben würde, um meiner Berufung nachzugehen. Aber ich fühlte mich noch nicht bereit dazu, und das Ganze jagte mir eine Heidenangst ein. Ich hatte in vielen schlaflosen Nächten darüber nachgegrübelt, wie ich finanziell über die Runden kommen sollte. Wie ich mich spirituell outen konnte, ohne vor meinen Kollegen als total durchgeknallt dazustehen. Kollegen, die noch nie mein vollständiges, sechsdimensionales Ich kennengelernt hatten. Nicht, dass ich nicht ich selbst war, ich hielt nur Teile von mir zurück.

Da ich eine dreimonatige Kündigungsfrist hatte, musste ich erst meine Stelle kündigen und dann eine Teilzeitstelle finden. Nach ein paar fehlgeschlagenen Versuchen (soll heißen: ich habe gekniffen) entschloss ich mich, in den sauren Apfel zu beißen und es meinem Chef zu sagen.

Ich holte tief Luft, sprach ganz bewusst von meinem Herzen zu seinem und teilte ihm meinen Entschluss mit. Zu meiner Überraschung marschierte ich fünf Minuten später mit einem Riesengrinsen aus seinem Büro. Irgendwie hatte ich es geschafft, meine Arbeitsstunden auf drei Tage pro Woche zu reduzieren, dabei noch eine Gehaltserhöhung und eine Beförderung herauszuschinden. Und das alles, weil ich dem Ruf meiner Seele folgte.

Als ob das noch nicht genug war, ermunterte er mich auch noch, meine Leidenschaft in die Arbeit einzubringen und eventuell Vorträge über Kreativität und metaphysisches Marketing zu halten. Im Grunde bekam ich also mehr Geld dafür, weniger zu arbeiten und mehr von dem zu tun, was ich liebte.

Ja, das Universum hat für dich vorgesorgt. Es will dich unterstützen. Wir müssen nur springen, damit es uns auffangen kann. Sobald wir gelandet sind, kommt unser Leben wunderbar in den Fluss.

ARBEITE AN DEINEM LICHT

Was würdest du anders machen, wenn du wüsstest,
dass das Universum auf dich aufpasst?

FANG AN, BEVOR DU BEREIT BIST

»Das ‚Für immer' besteht aus vielen 'Jetzt'.«

EMILY DICKINSON

Komischerweise verlässt sich unsere Berufung selten darauf, dass wir einen großen Sprung in eine Richtung machen, die sich fremd für uns anfühlt. Es jagt uns Angst ein, den großen, klaffenden Graben zu sehen zwischen dem Ort, an dem wir stehen, und dem Ort, an den wir wollen. Daher fühlen wir uns kaum je bereit, darüber hinwegzuspringen.

Ich wusste schon eine ganze Weile, dass ich Workshops halten wollte, aber ich hatte eine Heidenangst davor. Ich hatte keine Ahnung, wo ich anfangen sollte, und hatte solchen Schiss, furchtbar schlecht darin zu sein, dass ich keiner Menschenseele etwas von meinem Wunsch erzählte. Also betete ich um ein Zeichen. Schon am nächsten Tag erhielt ich eine *Facebook*-Nachricht von meinem Freund Krish, der mich bat, seine Intuitions-Workshops in London zu übernehmen. Ich ging hin. Er schmiss mich gleich ins kalte Wasser und ließ mich die Gruppe bei einer Meditation anleiten. Ich war nervös und machte es nicht besonders gut. Irgendwie fühlte es sich nicht richtig an, seine Workshops zu übernehmen. Aber es war genau der Tritt, den ich brauchte, um selbst etwas in dieser Art zu machen.

Ein paar Tage später war ich bei meiner Freundin Robyn zum Abendessen eingeladen. Nach einem wunderbaren Brathähnchen und ein paar Gläsern Wein sprachen wir darüber, wie es wäre, monatliche Workshops in London zu halten. Wir sehnten uns beide nach einer Gemeinschaft von bodenständigen, gleichgesinnten Menschen – warum sollten wir nicht unsere eigene gründen?

Am nächsten Tag besuchten wir beide einen Kreativitäts-Workshop von Julia Cameron. Sie sprach über die Beziehung zwischen Intuition und Kreativität – eins meiner Lieblingsthemen – und erwähnte dabei meine Mentorin und Lehrerin Sonia Choquette, die zufällig mit Julia befreundet war.

Im Laufe des Tages baten einige Teilnehmer Julia um Empfehlungen für Workshops, auf denen man seine Intuition weiterentwickeln konnte. Robyn und ich stießen uns dauernd mit den Ellenbogen an.

Um die Mittagszeit beschlossen wir, dass dieser Zeitpunkt so gut wie jeder andere war, um unsere Workshops an den Start zu bringen. Wir kritzelten eine Notiz, um Julia mitzuteilen, dass wir Workshops für Intuition und Kreativität gaben. Julia las sie vor, und noch am selben Tag schrieben sich 60 Leute für unsere Workshops ein. Wir waren im Geschäft. Die anderen hatte ja keine Ahnung, dass es unser erster Tag in diesem Geschäft war!

Einen Monat später stellten wir unseren ersten Workshop zusammen. Aus einem Workshop wurden zwei, und schließlich mündete das Ganze in ein Unternehmen namens *The Spirited Project*. Wir hielten monatliche *Spirited Sessions* ab, die zu den *Spirited Sundays* und den *Spirited Meditation Circles* wurden. Jetzt gibt es Veranstaltungen in Großbritannien und Australien; weitere sind in Asien und den USA geplant.

Aus einer großen Angst, die am Anfang stand, entstand etwas Wunderbares, was noch dazu jede Menge Spaß bereitet. Während des ersten Workshops war ich sehr nervös. Ich hatte so große Angst davor, was die Leute über mich dachten, dass ich meiner Botschaft in die Quere kam. Aber mit jedem Workshop, den ich hielt, wuchs mein Selbstvertrauen. Je selbstsicherer ich wurde, desto mehr Spaß machte es mir. Jetzt liebe ich es, zu unterrichten und Meditationen anzuleiten. Gott sei Dank habe ich gehandelt, bevor ich mich dazu bereit fühlte, und bin dabeigeblieben!

Wenn du dich zu etwas berufen fühlst, lass dich nicht von einer Kleinigkeit davon abhalten. Zum Beispiel, dass du dich noch nicht bereit dazu fühlst.

Niemand fühlt sich wirklich bereit, wenn er etwas Großes zum ersten Mal tut. Manche Leute fühlen sich noch nicht einmal die ersten hundert Male bereit dafür. Malcolm Gladwell hat einmal gesagt: »Es dauert 10.000 Stunden, um ein Meister in etwas zu werden.«

Der Trick besteht darin, diese »10.000 Stunden« mit etwas zu verbringen, zu dem du dich wirklich berufen fühlst. Werde nicht in etwas brillant, das dich im Grunde gar nicht interessiert. Ganz gleich, wohin du berufen wirst: Wenn du dabeibleibst, wirst du schon bald jede Menge Spaß haben.

ARBEITE AN DEINEM LICHT

Wozu fühlst du dich berufen,
obwohl du dich noch nicht bereit fühlst?

Welcher Sache würdest du liebend gern
10.000 Stunden deines Lebens widmen?

SPRING DIREKT HINEIN

Hast du eine Leidenschaft, einen Traum, ein Ziel, irgendetwas, in dessen Richtung du gerne einen Sprung machen würdest? Aber du siehst immer nur aus weiter Ferne hin? Dann flippe nicht aus, wenn du die große Entfernung siehst, die zwischen euch liegt. Warte nicht erst auf eine Erlaubnis. Tunke nicht erst die große Zehe hinein. Spring lieber direkt hinein.

Es ist die reine Folter, draußen zu stehen und das Gesicht gegen die Fensterscheibe zu drücken. Außerdem vergeudest du damit deine Gaben. Wenn du genug Leidenschaft für eine Sache hast, um vom Spielfeldrand aus zuzusehen, dann wird sie dir noch besser gefallen, wenn du selbst im Mittelpunkt stehst. Dafür wurdest du geboren. *Da* gehörst du hin.

Fang damit an, täglich etwas Einfaches zu tun, das dich einen Schritt näher an die Sache heranbringt. Abonniere die *Twitter-*, *Instagram-* und *Facebook*-Feeds von Menschen, die bereits in dieser Welt leben. Tritt einer Online-Community bei oder mit jemandem in Kontakt, der dasselbe Interesse hat wie du. Triff dich mit ihm. Mach dich über das Thema schlau. Erzähle den Menschen in deinem Leben, was du vorhast. Ganz gleich, wie ihre Reaktion ausfallen könnte. Hänge nicht am Spielfeldrand herum. Spring lieber direkt hinein.

ARBEITE AN DEINEM LICHT

Was kannst du jetzt gleich tun, um direkt hineinzuspringen?

FÜR ALLE ANDEREN
SAH ES AUS WIE EIN
EINZIGER SPRUNG.
ABER IN WAHRHEIT
WAREN ES HUNDERTE
WINZIG KLEINE
SCHRITTE.

TU JEDEN TAG EIN DING

Wenn du jeden Tag ein einziges Ding für deine Berufung tust …

Hast du in einem Jahr 365 Dinge getan.

Hast du in zwei Jahren 730 Dinge getan.

Hast du in fünf Jahren 1.825 Dinge getan.

Hast du in zehn Jahren 3.650 Dinge getan.

Hast du in 20 Jahren 7.300 Dinge getan.

Hast du in 50 Jahren 18.250 Dinge getan.

Fang an, bevor du dich bereit fühlst.

Du brauchst nicht zu wissen, wo alles hinführt.

Du wirst es unterwegs herausfinden.

Δ

TANZ EINFACH EXTRASCHNELL

Wenn du wartest, bis du dich bereit fühlst, wirst du nie etwas tun. Niemand, der je etwas Bedeutendes getan hat, hat gewartet, bis alles perfekt vorbereitet war. Es gibt keine Garantie für eine angenehme Reise. Einen solchen Moment gibt es einfach nicht.

2011 hatte ich gerade mein Ziel erreicht, Creative Director zu werden. Einen Monat später reiste ich nach San Francisco, wo ich mit zwei furchtbar erfahrenen und talentierten Kreativen zusammenarbeiten sollte, die ich zutiefst bewunderte. Und *ich* sollte sie leiten. Ich befand mich weit außerhalb meiner Wohlfühlzone und versuchte, cool zu wirken. Aber ich dachte nur: Ich bin unwürdig, ich bin unwürdig.

An meinem letzten Abend traf ich mich mit meinem ehemaligen Chef. Er war aus Australien weggezogen, um für Apple im Silicon Valley zu arbeiten. Er fragte mich, wie es bei mir lief, und ich gestand: »Ich habe keine Ahnung, was ich hier überhaupt mache. Ich fühle mich die ganze Zeit wie eine Hochstaplerin.«

Er lachte und gab mir den besten Karrieretipp *überhaupt*. Er sagte: »Bec, ich fürchte mich praktisch jeden Tag, wenn ich bei Apple auf den Parkplatz fahre. Aber dann denke ich daran, dass Menschen gerade durch Ängste und Herausforderungen Großartiges leisten. Niemand, der etwas Neues macht, weiß, was er tut. Er findet es einfach unterwegs heraus.«

Diese Worte von ihm zu hören, war genau das, was ich brauchte. In diesem Augenblick erkannte ich, dass ich nicht die Einzige bin, die manchmal das Gefühl hat, nicht zu wissen, was sie tut. Wir alle müssen es unterwegs herausfinden. Selbst die Menschen, die ich am meisten bewundere – ja, *gerade* die Menschen, die ich am meisten bewundere.

ARBEITE AN DEINEM LICHT

Stell dir vor, du bist 88 Jahre alt. Schreib als dein 88-jähriges Selbst einen Brief an dein jetziges Selbst. Was möchtest du, dass du anpackst und ausprobierst? Auf was sollst du einen großen Sprung zu machen?

Welchen Rat hast du für dich?

Worauf bist du am meisten stolz?

Was bereust du am meisten?

LEBE DEIN LEBEN NACH BEYONCÉS TANZSCHRITTEN.

SEI NICHT AUF DAS ERGEBNIS FIXIERT

Sei nicht auf das Ergebnis fixiert. Deine Aufgabe ist es, das *Was* herauszufinden. Das Universum kümmert sich dann schon um das *Wie*.

Mach dir keine Sorgen darüber, ob alles funktioniert. Spring einfach hinein und tu es mit aller Liebe und Leidenschaft, die du aufbringen kannst.

Das Universum wird dich ziemlich schnell mit einem Resultat überraschen, das über alles hinausgeht, was du dir jemals hättest vorstellen können. Aber erst musst du dich auf deine Sache konzentrieren und ganz darin aufgehen.

Wenn du ganz in etwas aufgehst, lädst du Gott ein.

Δ

TU ES EINFACH UND LEUCHTE

Von dem Moment an, als ich das erste Buch von Hay House zur Hand nahm, wusste ich, dass ich Autorin werden wollte. Aber es fühlte sich wie ein großer, unerreichbarer Traum an, sodass ich ihn über 15 Jahre lang für mich behalten habe. Jedes Jahr rief meine Seele lauter nach mir. Letzten Endes wurde es zu schwer, das nagende Gefühl zu unterdrücken. Also gab ich einfach auf und fing an zu schreiben.

Ich steckte mein ganzes Herz, meine ganze Seele in ein Buchexposé und schickte es an Hay House, begleitet von einer Million Gebeten. Dann wartete ich auf die Antwort. Doch ich war so darauf fixiert, veröffentlicht zu werden, dass mich der Gedanke an das Ergebnis davon abhielt, tatsächlich zu schreiben. Ich schrieb nicht für mich, sondern für die Anerkennung eines Verlegers. Mich auf dieses äußere Ergebnis zu konzentrieren, hemmte meine Kreativität, meine Fähigkeit, authentisch zu schreiben und meine Botschaft mitzuteilen. Ich wartete wie erstarrt auf mein Urteil, anstatt einfach mein Buch weiterzuschreiben.

Meine Mentorin Sonia sagte zu mir: »Rebecca, das Dumme bei dir ist, dass du auf eine Art Bestätigung und Erlaubnis wartest, deine Botschaft zu verkünden. Du wartest darauf, dass man dich an irgendeinen unsichtbaren Tisch in einen imaginären Club einlädt. Aber es gibt keinen solchen Tisch und keinen solchen Club. Die einzige Genehmigung, die du brauchst, ist deine eigene. Glaube nicht, dass deine Botschaft nicht von Bedeutung ist, solange es dir kein anderer bestätigt. Glaube nicht, dass deine Botschaft erst von Bedeutung ist, wenn sie ein anderer für bedeutend hält. Sie ist von Bedeutung. Sie muss vermittelt werden. Halte dich selbst nicht länger zurück.«

Tränen strömten mir übers Gesicht. Ich erkannte, dass ich mich selbst zurückgehalten und auf Erlaubnis von außen gewartet hatte, bevor ich andere an meinen Gaben teilhaben ließ. Ich suchte nach der Bestätigung einer äußeren Macht, die es noch nicht einmal gab. Als ich im Flugzeug zurück nach London saß, schloss ich einen Pakt mit mir selbst. Ich würde mich nicht mehr darauf fixieren, veröffentlicht zu werden, sondern mich darauf konzentrieren, jeden Tag etwas zu schreiben.

Schließlich liebe ich es zu schreiben. Es ist das, was mich zum Leuchten bringt. Warum sollte ich etwas aufschieben, das mich zum Leuchten bringt? Ich schwor mir, nichts darauf zu geben, was andere Leute von meinen Ergüssen hielten. Wenn es ihnen nicht gefiel, dann war ich eben nichts für sie. Und sie waren nichts für mich. Also verpflichtete ich mich, meine Botschaft von nun an durch mich hindurchfließen zu lassen. So, wie sie immer durch mich hindurchgeflossen war. Ohne zu wissen, wo es hinführen würde. Trotz meiner Angst. Sogar *wegen* meiner Angst.

So habe ich beschlossen, dass es mich nichts angeht, wer liest, was ich geschrieben habe. Wichtig ist nur, dass ich es tue und schreibe. Es geht mich nichts an, ob Hay House dieses Buch veröffentlicht. Dieser Verlag ist nur ein Weg. Ein anderer Verlag ist ein weiterer Weg, und ein Selbstverlag wiederum ein weiterer. Ich weiß nur, dass ich mich nicht wohl in meiner Haut fühle, wenn ich nicht schreibe. Denn dann werden das nagende Gefühl und der Schmerz niemals aufhören.

Beim Schreiben sortiere ich meine Gedanken. Es geht mich nichts an, ob aus dem Buch ein Bestseller wird – oder ob es nur ein einziger Mensch liest. Nur, dass ich es tue und mein Licht leuchten lasse. Daher habe ich meine alte Affirmation *Ich bin eine Bestsellerautorin von Hay House* geändert in *Ich tue es einfach und lasse mein Licht leuchten, so wie Gott es für richtig hält.*

Diese kleine Verlagerung hat alles verändert. Seitdem ist der Prozess des Schreibens zur erfüllendsten Erfahrung meines Lebens geworden. Ich kann es jeden Morgen kaum erwarten aufzustehen, meinen Computer anzuwerfen und meine Seele singen zu lassen.

Es spielt keine Rolle, wie weit unser Licht leuchtet.
Wichtig ist nur, dass wir es leuchten lassen.

Schreiben ist das, was mich erfüllt. Und ich bin – ähnlich, wie wenn ich meditiere – ein viel netterer Mensch, wenn ich jeden Tag eine Zeit lang am Schreibtisch sitze und es tue.

Wenn du eine Botschaft hast, die du gerne mitteilen möchtest, warte nicht erst auf eine Erlaubnis, bevor du handelst. Wage es, deiner höchsten Berufung zu folgen. Lass die Botschaft aus deinem Herzen sprudeln. Wenn du dein Leben den Dingen widmest, die dich erfüllen, kann das Universum gar nicht anders als dich zu unterstützen. Du brauchst nicht zu wissen *wie*. Vertraue einfach darauf, *dass* es dich unterstützen wird.

OMFG!

Während ich gerade den letzten Absatz getippt habe, hat mein Telefon geklingelt. Ich wäre beinahe nicht rangegangen, weil ich gerade so viel Spaß am Schreiben hatte und die Worte nur so durch mich hindurchgeströmt sind. Als ich den Hörer abgenommen habe, hat es mir fast die Sprache verschlagen. Am anderen Ende der Leitung war Michelle von Hay House, die mir einen Buchvertrag anbot …

Heiliger Jesus und Mutter Gottes! Ich kneife mich immer noch. Voller Demut versuche ich zu begreifen, wie wunderbar das Universum mich (uns alle!) unterstützt.

Auch *du* hast eine besondere Gabe, die du mit anderen teilen sollst. Auch *du* hast eine Botschaft zu verkünden. Sonst würdest du dieses Buch nicht lesen. Kümmere dich nicht um das Wie. Tu es einfach jeden Tag und geh ganz darin auf. Das Universum *wird* sich verschwören, um dich zu unterstützen. Das weiß ich mit absoluter Sicherheit.

ARBEITE AN DEINEM LICHT

Leuchte, ganz gleich, wie das Ergebnis ausfällt.
Wie kannst du das einfach tun?

DU BIST BEREIT

Du bist bereit.
Das zu tun, wozu du berufen bist.
Tu es.
Der Ort, zu dem du gerufen wirst.
Geh hin.
Die Worte, mit denen du am liebsten herausplatzen würdest.
Sag sie.
Der Traum, den du schon immer hattest.
Leb ihn.
Der Ruf tief in deiner Seele.
Erhör ihn.
Das, was dich zum Leuchten bringt.
Geh ganz darin auf.
Warte nicht, bis alles perfekt vorbereitet ist.
Tu es jetzt sofort.
Warte nicht, bis du dich bereit fühlst.
Tanz einfach extraschnell.
Es ist Zeit.
Du bist bereit.
Tu es.

△

ERLAUBNIS ERTEILT

Erlaubnis erteilt. Komm schon. Geh über Los. Fang an. Beginne. Hier ist das Ticket. Es ist Zeit. Wir warten schon. Willkommen. Bitte weiter. Setz dich. Tu es. Bitte weiter. Geh voran. Fahr fort. Tritt ein. Leg los. Da entlang. Spring. Stoß an. Leg los. Tu es. Starte. Komm her. Geh weiter. Es wird Zeit. Endlich. Worauf wartest du? Du bist bereit. Bringen wir die Show auf Tour.

MEINE SEELE RUFT MICH DAZU AUF, ZU …

Teil IV

LEBEN IM LICHT

Praktische Techniken,
die dein Licht leuchten lassen

WANDELT MIT DEN
FÜSSEN AUF DER ERDE.
MIT DEM HERZEN
ABER SEID IM HIMMEL.

DON BOSCO

DAS LICHT IN DEN KÖRPER INTEGRIEREN

In meinen Zwanzigern konnte ich spirituelle Prinzipien mit dem Verstand begreifen und mich auf die meisten Dinge konzentrieren. Ich hörte das Rufen meiner Seele und stand in Kontakt mit meinen Gefühlen. Aber ich verkörperte nichts davon. Mein Verstand, mein Körper, mein Geist und meine Seele arbeiteten in getrennten Speichern und waren nicht harmonisch miteinander im Fluss. Wie Menschen, die im selben Haus zusammenwohnen, sich aber nie besuchen. So stellte ich meine Überzeugungen nie diszipliniert auf ein Fundament. Ich lebte nicht wirklich mit ihnen im Einklang. So blieb es auch, bis einer meiner schlimmsten Albträume wahr wurde.

Schon seit ich mein erstes Buch von Hay House aus dem Regal gezogen hatte, war Louise Hay für mich zu so etwas wie Oprah, Madonna, Beyoncé, Stevie Nicks und Tina Turner in einer Person geworden. Im Herbst 2009 nahm ich an einer Veranstaltung des Verlagshauses teil – und zwar in Begleitung von meiner Freundin Julie-Ann Gledhill, die aus Singapur eingeflogen war. Reid Tracy, der CEO von Hay House, und Cheryl Richardson diskutierten mit dem Überraschungsgast höchstpersönlich: Louise Hay!

Zu dieser Zeit stand ich bereits mit beiden Beinen fest in der Werbung, doch tief in meinem Inneren wusste ich, dass ich eine Botschaft mitzuteilen hatte. In einer der Pausen drängten sich alle zum Fanclub um Louise zusammen. Ich hingegen hielt mich im Hintergrund und versuchte, cool auszusehen. Eine Welle von Energie brandete durch meinen ganzen Körper, während mich eine Stimme aus den Tiefen meiner Seele aufforderte: Geh hin und bitte Louise um einen Job! Da ich eigentlich nicht der Typ für so etwas bin, widerstand ich ihr jedoch.

Am nächsten Tag passierte noch einmal das Gleiche. Es war, als ob mich körperlich etwas nach vorn schubsen würde. Da ich mich nicht mehr dagegen wehren konnte, atmete ich tief durch. Obwohl ich mich innerlich wand und meine Seele, meinen Geist und meine spirituellen Helfer alle miteinander verfluchte, machte ich mich auf den Weg zu Louise.

Jedes Mal, wenn sie wieder frei war, ließ ich jemand anderem den Vortritt. Meine Seele und mein Geist schoben mich förmlich hin zu ihr, aber mein Körper und mein Ego leisteten Widerstand. Als der Letzte wegging, holte ich tief Luft und ging entschlossen auf Louise zu. Doch da ich meine Energie nicht kontrollieren konnte, rannte ich sie buchstäblich um. OH GOTT!

Während sie ihr Gleichgewicht wiedergewann, sah mir Louise direkt in die Augen und sagte: »Mädchen, attackieren Sie die Leute nicht mit Ihrer Energie.«

Es war mir unglaublich peinlich. Mein Leben war vorbei.

Während ich mir wünschte, im Erdboden zu versinken, lief ich zurück an meinen Platz und tat so, als ob nichts passiert wäre. Den restlichen Nachmittag spielte ich den Vorfall immer wieder in Zeitlupe in meinem Kopf durch…

War es wirklich so schlimm?

Ja, das war es.

Habe ich wirklich Louise Hay umgerempelt?

Ja, das hast du.

Schauder, Schauder, Schauder …

Später beim Abendessen beichtete ich die Geschichte Julie, während ich Tränen des Entsetzens herunterschluckte. Julie hielt es natürlich für das Witzigste, was sie je gehört hat. Sie zieht mich heute noch damit auf.

Ich erzähle dir diese Geschichte, weil sie tatsächlich einen wichtigen Wendepunkt auf meiner Reise darstellte. Ich stand schon immer mit meiner Seele und meinem Geist in Verbindung und empfing deutlich meine kreativen Ideen, die Stimme meiner Intuition und die Rufe meiner Seele. Aber ich verankerte nichts davon durch Handlungen in meinem Körper. Mit anderen Worten: Mein reger Verstand, mein Körper und mein Geist sprachen nicht miteinander. Wenn ich die Rufe meiner Seele hörte, gab ich ihnen keine konkrete Form. Ich handelte nicht nach ihnen. Und wenn ich Ratschläge oder kreative Ideen empfing, ließ ich sie nicht immer durch mich hindurchfließen. Ich war nicht im Fluss.

Ich empfing all diese Dinge aus höheren Sphären, aber ich hatte keine Ahnung, was ich damit anfangen sollte. Daher ignorierte ich sie einfach. Das bewirkte einen großen Energiestau, der sich irgendwie entladen musste.

Louises schlichte Bemerkung eröffnete mir einen ganz neuen Weg, meinen Geist und meine Seele in meinen Körper zu integrieren. Vor dieser Begegnung dachte ich, bei der Verbindung von Verstand, Körper und Geist ginge es darum, diese drei Teile in uns zu stärken. Dieses Erlebnis zeigte mir aber, dass wir unserem höchsten Weg nicht folgen können, ohne uns energetisch zu integrieren. Es ist schwierig, den Ruf unserer Seele zu *hören* und gleichzeitig danach zu *handeln*, wenn wir uns selbst nicht durch regelmäßige Übungen geerdet haben.

In diesem neuen Kapitel meiner Reise suchte ich die Hilfe spiritueller Lehrer, um mir die subtilen und doch kraftvollen Energien des Geistes zunutze zu machen und sie in meinem Körper zu verankern. Die Methoden, die bei mir am besten funktioniert haben, stelle ich dir in diesem Teil vor. Probiere sie einfach aus und finde heraus, welche dir am meisten liegen.

SIE HAT EIN LICHT,
UND SIE WEISS
ES ZU NUTZEN.

TÄGLICHE SPIRITUELLE ÜBUNG

Du kannst deine Seele nicht hören, wenn du dir nicht Zeit nimmst, in dich hineinzuhören. Dazu brauchst du eine spirituelle Übungspraxis, die täglich einen festen Platz in deinem Terminkalender haben sollte.

Ich habe bis 2012 gebraucht, um diese Übung tatsächlich ausnahmslos jeden Tag zu machen, und das war die beste Entscheidung, die ich je getroffen habe. Sie hat die größte Veränderung in meinem Leben bewirkt. Wenn du dich dazu verpflichtest, dich regelmäßig mit deiner Seele zu unterhalten, sendest du eine Botschaft ans Universum. Sie lautet: Ich meine die Sache ernst und bin bereit, unterstützt zu werden.

Früher habe ich viel herumgestümpert. Ich habe unzählige verschiedene Praktiken ausprobiert. Aber oft fühlte ich mich erdrückt von den vielen Dingen, die ich machen *sollte*: Meditation, Yoga, Tagebuch führen, mich abnabeln (...). Ich habe alles Mögliche versucht. Irgendwann hatte ich das Gefühl, ein zusätzliches Leben zu brauchen, um all das erledigt zu bekommen. Und weil ich mir noch nicht angewöhnt hatte, ausnahmslos jeden Tag zu üben, fiel meine spirituelle Praxis als Erstes unter den Tisch, wenn ich einen miesen oder anstrengenden Tag gehabt hatte. Dabei hätte ich sie gerade dann am meisten gebraucht.

Sich einer täglichen Übung zu widmen, bedeutet nicht, dass du stundenlang meditieren musst. Es heißt nur, dass du *jeden Tag* etwas tun musst, und zwar ohne Ausnahme. Meine Grundübung nimmt nicht mehr als 20 Minuten pro Tag in Anspruch und besteht aus drei Dingen:

1. *Light-Sourcing*-Meditation
2. Gebet
3. Singen, tanzen oder in der Natur spazieren gehen

Sie ist einfach – und vom Zeitaufwand realistisch – genug, dass es keine Ausrede gibt, sie *nicht* zu machen. Ganz egal, wo ich gerade bin oder was ich gerade anhabe. Je öfter ich sie mache, desto mehr wird mein ganzes Leben zu einer einzigen Übung. Zu einem großen, wandelnden Gebet.

Immer wenn ein Klient zu mir kommt, der sich eine Veränderung wünscht, empfehle ich ihm als Erstes diese Übung. Deine Seele wartet nur darauf, dich zu führen. Das Universum ist bereit, dich bei jedem Schritt auf deinem Weg zu unterstützen. Aber um dich mit deiner Seele in Verbindung zu setzen, musst du jeden Tag etwas tun.

ARBEITE AN DEINEM LICHT

Praktizierst du zurzeit täglich irgendeine spirituelle Übung?

JE STILLER DU
WIRST, DESTO
MEHR KANNST
DU HÖREN.

RUMI

LIGHT-SOURCING-MEDITATION

Meine Lehrerin Sonia hat mich in die *Light-Sourcing*-Meditation eingeführt. Sie gefiel mir sofort, weil sie so einfach ist und man nur zehn Minuten dafür braucht. Und sie hilft tatsächlich.

Vom ersten Moment an hatte ich dieses wunderbare Gefühl, nach Hause zu kommen. Es war so vertraut. Und was das Verrückteste daran war: Ich erinnerte mich, dass ich sie bereits als kleines Mädchen im Bett und am Strand gemacht hatte. Ohne es zu wissen!

Es handelt sich dabei um ein Gebet der ultimativen Hingabe. Du verbindest dich dadurch wieder mit der universellen Energie, der sogenannten »Quelle« (englisch: *source*). So ruhst du dich aus, füllst deine Speicher auf und empfängst alle Geschenke, die das Universum dir zu geben hat. *Light-Sourcing* ist eine tägliche Meditation, mit der du dich selbst in einen Empfangsmodus versetzt, damit du

- das Rufen deiner Seele vernimmst;
- dich an all die Gaben erinnerst, die du bereits in dir trägst;
- dich mit der wunderbaren Lichtenergie verbindest, die uns ständig zur Verfügung steht;
- dein inneres Licht kultivierst und ihm genug Energie gibst, so hell zu leuchten, wie es nur menschenmöglich ist;
- von deinem höheren Selbst genährt wirst;
- die kosmische Energie des Universums in dich hineinlässt und dich dem Fluss hingibst, der dich auf deinen höchsten Weg führt;
- die Kontrolle über dein Leben lockerst und deiner Seele die Führung überlässt.

Alles, was du beim Meditieren tun musst, ist, dein Herz zu öffnen, zu atmen und zu empfangen. Durch das *Light-Sourcing* öffnen wir uns für die universellen Energien der göttlichen Liebe, des Lichts, der Weisheit und der Wahrheit. Du setzt dich in Verbindung mit deinem höheren Selbst und lässt dich erfüllen mit allem, was du gerade brauchst. Es ist, als ob du vom Brunnen deines unbeschränkten, grenzenlosen Selbst trinken würdest. Zehn Minuten lang gibst du alles aus der Hand, wonach du strebst, womit du zu kämpfen hast und was du zu heilen versuchst. So stockst du deine Reserven mit dem unerschöpflichen Vorrat der Energie der Quelle wieder auf.

Lass los und gib dich dem Fluss des Universums hin.

Ich bin für eine morgendliche Übungspraxis. Denn der Schlaf ist ebenfalls eine lange Meditation. Wenn wir gleich nach dem Aufwachen meditieren – anstatt sofort nach unserem Handy zu greifen –, maximieren wir den Effekt.

Normalerweise gehe ich gleich nach dem Aufstehen in den Regent's Park und setze mich in den Rosengarten, um dort meine *Light-Sourcing*-Meditation zu machen. Ich mache sie gerne in der Natur, aber du kannst sie überall machen: im Schlafzimmer oder im Auto.

Wenn ich früh morgens zu einer Lesung oder einer Mentoring-Sitzung muss, zünde ich eine Kerze auf meinem Altar an. (Später erkläre ich, wie du dir selbst einen errichtest.) Ich setze mich auf meinem Meditationshocker davor, um zu meditieren. Aber ich habe auch schon im Flugzeug, im Zug, im Bus, im Bad, ja praktisch überall meditiert, um es wirklich jeden Tag zu tun.

Die *Light-Sourcing*-Meditation ist supereinfach. Sie geht so:

- Reib deine Handflächen aneinander, um dein Herz zu öffnen. (Sie sind die Verlängerung des Herz-Chakras.) Zieh die Hände langsam auseinander und achte auf die subtile Energie, die du aktiviert hast – sie ist deine Verbindung zur Quelle. Leg die Hände mit den Handflächen nach oben auf dem Schoß ab und richte deine Aufmerksamkeit auf das leise Pulsieren, das in der Mitte deiner Handflächen aktiviert wird.

- Schließ nun die Augen und stell dir einen wunderschönen Kanal aus weißem Licht vor, der aus dem Himmel direkt zu dir herunterströmt. Lass dieses strahlende, unterstützende Licht dein ganzes Wesen erfüllen und dein Herz öffnen. Übergib ihm all deine Befürchtungen, Sorgen, Kämpfe, Ziele, Hoffnungen und Träume. Lass das Licht jeden Rest von Dunkelheit vertreiben.
- Atme und lass dich unterstützen. Atme und lass dich erfüllen. Atme und lass dich nähren. Atme und komm nach Hause. Atme und hör auf das Rufen deiner Seele. Atme und leuchte.
- Du brauchst dich nicht darum zu kümmern, deinen Geist zur Ruhe zu bringen oder stundenlang still zu sitzen. Alles, was du tun musst, ist: dein Herz zu öffnen, zu atmen, dich von der wunderbaren Energie aus dem Himmel überfluten zu lassen und sie in dich aufzunehmen.

ARBEITE AN DEINEM LICHT

Falls du es noch nicht getan hast, lad dir die kostenlose *Light-Sourcing*-Meditation auf *www.lightisthenewblack.com* herunter. Probiere sie 21 Tage lang aus und beobachte, wie du dich veränderst. Und vergiss bitte nicht, mir Fotos von dir beim Meditieren zu schicken! Unter dem Hashtag *#lightisthenewblack* auf meinem *Twitter*-Account *@rebeccathoughts*

LICHTBAD

Alternativ kannst du dich jederzeit mit der Energie der Quelle verbinden, indem du ein Lichtbad nimmst. Das ist eine superschnelle Möglichkeit, deine Schwingungen in kürzester Zeit zu erhöhen. Als Miniversion der *Light-Sourcing*-Meditation ist ein Lichtbad besonders praktisch, wenn du schlecht gelaunt oder erschöpft bist. Oder wenn du nur eine Minute Zeit hast.

So wird es gemacht:

- Reib die Handflächen aneinander und stell dir dabei vor, wie sich dein Herz öffnet. Dann zieh die Hände langsam auseinander und achte auf die subtile Energie, die du aktiviert hast. Das ist deine Verbindung zur Quelle. Richte deine Handflächen in empfangender Haltung nach oben.
- Schließ sanft die Augen und stell dir eine große Lichtkugel am Himmel vor, die unendlich viel Licht nur auf dich hinunterscheint. Stelle dir vor, wie dieses Licht durch deinen Scheitel dringt und direkt dein Herz und deine Handflächen erreicht.
- Stell dir in der Mitte deines Herzens eine Lichtkugel vor. Stell dir vor, wie die Lichtkugel in deinem Herzen immer größer wird, während du das Licht von der Quelle empfängst. Bis sie schließlich dein gesamtes Wesen erfüllt.
- Atme und empfange diese wunderschöne, grenzenlose Lichtenergie. Atme und empfange, während sie dich ganz erfüllt, jeden Rest von Dunkelheit mit strahlendem Licht ersetzt und dich wieder in Fluss mit dem Universum bringt.

ARBEITE AN DEINEM LICHT

Gönn dir selbst ein Lichtbad.

Δ

RUF DICH SELBST NACH HAUSE

Im Laufe unseres Lebens kann es passieren, dass wir Teile von uns zurücklassen – aufgrund von Traumata, extremer Wut oder Herzschmerz. Das kann auch passieren, während wir von Leben zu Leben gehen. Es liegt jedoch in unserer Macht, die verloren gegangenen Teile wieder nach Hause zu rufen. Die folgende Meditation ist eine tolle Technik dafür.

- Schließ die Augen und richte die Aufmerksamkeit auf deinen Atem.
- Atme ein und zähle dabei bis vier. Halte den Atem an und zähle wieder bis vier. Dann atme aus, während du bis acht zählst. Wiederhole diesen Vorgang dreimal. Halte die Augen dabei geschlossen und atme weiter tief ein und aus.
- Nun stell dir einen unglaublich starken Magneten in der Mitte deines Herzens vor. Ruf alle verloren gegangenen Teile von dir nach Hause, während du weiter ein- und ausatmest. Die Teile, die du durch traumatische Erfahrungen verloren hast. Die Teile, die du durch Herzschmerz, seelisches Leid und tiefe Enttäuschung verloren hast. Die Teile, die du dadurch verloren hast, dass du nicht wirklich gesehen wurdest, dass du unterschätzt und verletzt wurdest.
- Atme weiter, während all diese Teile von dem Magneten mühelos zurück nach Hause gezogen werden.

AFFIRMATION

Ich rufe alle verloren gegangenen Teile von mir wieder nach Hause.
Ich bin zu Hause. Ich bin zu Hause. Ich bin zu Hause.

ZURÜCK ZUR MITTE

Wenn wir im Fluss sind, ist unsere Energie ausgewogen. Wir erzwingen nichts und leisten keinen Widerstand. Wir sind energetisch zentriert. Wenn wir energetisch zentriert sind, sind wir bereit zu empfangen. Meine Freundin Robyn Silverton hat mir die folgende Übung beigebracht. Sie ist perfekt dazu geeignet, deine Energie augenblicklich auszugleichen. Ich liebe diese Übung, weil sie nicht einmal zehn Sekunden dauert, und man sie wirklich überall machen kann.

- Stell dich so auf den Boden, dass deine Fußsohlen flach aufliegen. Atme ein paar Mal tief ein und aus und richte deine Aufmerksamkeit auf deine Fußsohlen. Achte darauf, wie sich dein Gewicht verteilt. Liegt es eher vorn auf den Zehen? Oder eher hinten auf der Ferse?
- Wenn deine Energie nach vorne zeigt, bist du wahrscheinlich noch darin gefangen, zu sehr nach etwas zu streben, etwas erzwingen und kontrollieren zu wollen. Du bewegst dich zu schnell. (So wie es früher bei mir der Fall war.) In diesem energetischen Zustand sind wir nicht in der Lage, uns vom Universum (oder von sonst jemandem) helfen zu lassen. Wir kontrollieren oder geben, anstatt zuzulassen und zu empfangen.
- Wenn dein Gewicht eher auf den Fersen liegt, wartest du wahrscheinlich zu lange, bevor du dich bereit fühlst, zu handeln. In diesem energetischen Zustand fehlt dir das Feuer, um loszulegen, Dinge in die Tat umzusetzen und anderen Menschen auf halbem Wege entgegenzukommen.
- Achte darauf, wo deine Energie liegt, ohne es zu werten. Bring deine Energie wieder in die Mitte, sodass dein Gewicht gleichmäßig über die ganze Fußsohle verteilt ist.

AFFIRMATION

Alles, was mich ruft, ist bereits unterwegs zu mir. Ich vertraue darauf, dass das Universum seinen Teil dazu beiträgt, alles zu mir zu bringen. Ich tue meinen Teil und nehme alles in Empfang.

LIEBER GOTT

»Jedes Gefühl, das du hast – ob gut oder schlecht –, dreht sich um die Beziehung zwischen deinem aktuellen Gedanken und der Einsicht der Quelle in dir zu demselben Thema.«

ABRAHAM-HICKS

Vielleicht hast du ja ein großartiges Verhältnis zu Gott / zur Quelle / zum Universum. Oder du wurdest so erzogen, Gott / die Quelle / das Universum zu fürchten. Womöglich hat man dir beigebracht, dass du dir Liebe erst verdienen musst. Oder du bist mit dem Glaubenssatz aufgewachsen, dass nur Spinner an eine höhere Macht glauben.

Ob du einen unerschütterlichen Glauben hast oder ein strikter Atheist bist: Dein Glaube und deine Beziehung zu Gott / zur Quelle / zum Universum beeinflussen stark, wie du dein Leben lebst. Besonders die Dinge, die unausgesprochen bleiben.

Wie ich schon in Teil I mit meinem Brief »F*** dich, Gott« gezeigt habe, ist die Eröffnung eines echten Dialogs zwischen dir und der Quelle eine kraftvolle Technik. Sie hilft dir dabei, deine Glaubensvorstellungen zu hinterfragen und dein Licht in die Welt zu bringen.

ARBEITE AN DEINEM LICHT

Schreib einen Brief an Gott. Es kann eine Anklageschrift sein, ein Dankesschreiben oder einfach nur eine Notiz.

Beginn einfach: »Lieber Gott / An das Göttliche / An das Universum« und lass deinem Herzen freien Lauf.

Wenn du fertig bist, atme durch und erlaube es Gott / dem Göttlichen / dem Universum, zu antworten.

△

IMPROVISIERTE TANZPAUSE

Wir alle werden durch unsere Intuition geleitet. Aber die meisten von uns warten darauf, dass diese Intuition einen Sinn ergibt, bevor sie danach handeln. Unser Verstand, unser Körper und unsere Seele sind voneinander getrennt.

Tanzen ist eine wunderbare Methode, unsere Seele in unseren Körper zu bringen. Intuitive Bewegung bedeutet, den Körper so zu bewegen, wie ihm gerade zumute ist. So bringen deine Seele und dein Geist dich zum Tanzen. Vielleicht wiegst du dich nur sanft hin und her. Oder du wackelst heftig mit den Schultern im Stil von *Sister Act*. Wie dein Tanzstil auch aussieht, dich einfach von deiner Seele bewegen zu lassen, dient folgenden Zwecken:

- Es stärkt die rechte Gehirnhälfte, die mit deinem unterbewussten, intuitiven und kreativen Verstand in Beziehung steht.
- Es ermöglicht deinem Körper, blockierte Energien und Gefühle zu verarbeiten, damit du wieder in den Fluss kommst. Daher ist es wunderbar geeignet, wenn du das Gefühl hast festzustecken oder niedergeschlagen bist.
- Es erlaubt deiner Seele, deinen Körper zu führen und dein Gehirn physisch neu zu verdrahten. So bist du eher geneigt, dich in deinem Leben wirklich von den Rufen deiner Seele (deiner Intuition) leiten zu lassen.

ARBEITE AN DEINEM LICHT

Schmeiß eine Tanzparty für eine Person! Sie muss nicht ewig dauern, ein Song reicht aus. Schließ die Tür und dreh die Musik auf. Schließ die Augen und lass deine Seele deinen Körper bewegen. Je öfter du deinen Körper auf eine Art bewegst, wie er noch nie zuvor bewegt worden ist, desto effektiver werden alte Muster aufgelöst.

ATME TIEF DURCH

Eigentlich ist es der einfachste und natürlichste Teil des Lebens. Doch viele von uns atmen in ihrem Alltag so flach, dass die Luft noch nicht einmal den Bauch erreicht. Nimm dir jetzt einen Moment Zeit und achte darauf, was dein Atem gerade macht. Ist deine Atmung tief oder flach? Atme nun tief ein, bis die Luft deinen ganzen Bauch ausfüllt.

Tief zu atmen bedeutet, Leben in sich einzusaugen. Wenn man bewusst atmet, sagt man dem Universum damit: Ich bin hier, und ich bin bereit zu empfangen.

Unterschätze nicht die Heilkraft eines simplen Atemzuges. Meine Lehrerin Sonia betonte mir gegenüber immer wieder, wie wichtig das Atmen ist. Aber ich habe das erst richtig verstanden, als ich kaum noch atmen konnte.

An meinem absoluten Tiefpunkt besuchte ich eine schamanische Heilerin, zu der ich schon eine Zeit lang ging. Ich litt so sehr, dass mein Körper einfach nicht mehr richtig atmen wollte. Meine Seele hatte fast schon aufgegeben. Als ich so dalag, wies die Heilerin mich an, tief einzuatmen. Mein Gehirn befahl mir verzweifelt, es zu tun, aber es war, als ob mein Geist den Laden dicht gemacht hätte und einfach fortgegangen wäre. Ich mühte mich 20 Sekunden lang ab, bis ich einatmen konnte, aber es wurde nur ein kleines Schlückchen Luft. Gerade genug, um bis zum nächsten Mini-Atemzug zu überleben.

In Wahrheit war es so, dass ich nicht mehr hier sein wollte. Ich war zu müde und niedergeschlagen, um weiterzumachen. Ich hatte viel zu lange viel zu sehr gekämpft und konnte nicht länger so tun, als ob alles in Ordnung wäre. Daher verbrachten wir die ganze Sitzung damit, mich buchstäblich zum Atmen zu bringen. Ganz allmählich spürte ich, wie mein Geist wieder zurückkehrte. Nach etwa 30 Minuten hob sich mein Brustkorb, und eine Woche später ließ ich die Luft wieder in meinen Bauch strömen.

Aber du musst nicht erst ganz unten angekommen sein, um dir über die Auswirkungen deiner Atmung klar zu werden. Wenn du das Gefühl hast festzustecken, wenn du müde oder gestresst bist oder Angst hast: Dann verändere einfach deinen Atem. Er bringt die Lebenskraft in deinen Körper hinein und setzt alles in Bewegung. Wie ein guter Frühjahrsputz dein Haus reinigt, so wandelt tiefes Ein- und Ausatmen jede stagnierende oder blockierte Energie um.

ARBEITE AN DEINEM LICHT

Leg dir die Hand auf den Bauch und nimm dir jetzt gleich 60 Sekunden Zeit, um die Aufmerksamkeit auf deinen Atem zu richten.

Ist er langsam und tief oder schnell und flach? Hältst du ihn vielleicht sogar an? Achte auf Unterschiede beim Ein- und Ausatmen.

Atme tiefer ein und zieh die Luft ganz tief in den Bauch hinunter, bis zu den Füßen.

WER BRINGT DICH ZUM LEUCHTEN?

Du hast fleißig daran gearbeitet, deine Schwingungen zu erhöhen. Daher lohnt es sich, darauf zu achten, welche Menschen dich in deinem Leben energetisch aufladen und welche dich auslaugen.

Das soll nicht heißen, dass du dich nur mit Leuten umgeben sollst, die ihre Schwingungsfrequenz ebenfalls erhöhen wollen und sich in einer optimistischen Phase in ihrem Leben befinden. Es geht eher darum, dir bewusst zu machen, wer dich tendenziell eher auslaugt. Damit du deine Energie schützen und bewusst entscheiden kannst, wie viel Zeit du mit ihm oder ihr verbringen willst.

Bei wem fühlst du dich gut und bei wem fühlst du dich schlecht?

Wenn wir unsere Schwingungen erhöhen und uns energetisch verändern, stellen wir möglicherweise fest, dass wir mehr Zeit mit Menschen verbringen wollen, die auf einem ähnlichen Weg sind wie wir. Oder dass wir wenigstens unsere eigene Energie zu schützen versuchen, wenn wir mit Menschen zusammen sind, die uns auslaugen.

ARBEITE AN DEINEM LICHT

Wer in deinem Leben laugt dich aus und gibt dir das Gefühl, leer und erschöpft zu sein?

Gibt es jemanden in deinem Leben, von dem du Energie nimmst, anstatt sie aus deinem Inneren zu beziehen?

WO STECKT DEINE ENERGIE?

Je höher deine Schwingungen sind, desto sensibler bist du wahrscheinlich in energetischer Hinsicht. Es ist zwingend erforderlich, dass du deine Energie schützt, um dich selbst vor energetischer Erschöpfung zu bewahren.

Hier sind ein paar supereinfache Methoden, mit denen du dein Energiefeld schützen, wieder auffüllen und reinigen kannst.

Schutz des Energiefelds

Es ist wichtig, unser Energiefeld zu schützen, damit wir die Stimme unserer Intuition deutlich hören können. Damit wir verhindern, dass unsere Lebenskraft von anderen Menschen – oder dem Leben im Allgemeinen – ausgelaugt wird. Dazu stellst du dir einen etwa einen Meter großen Schutzraum um dich herum vor, in den niemand ohne deine Erlaubnis eindringen kann. Falls du nähere Hinweise dazu brauchst, sieh dir das Video auf *www.lightisthenewblack.com* an.

Chakren-Dusche

Chakren sind Energieräder innerhalb und außerhalb unseres Körpers. Jedes Chakra hängt mit verschiedenen Gefühlen und Körperfunktionen zusammen. Während wir unser Leben leben, können unsere Chakren blockieren oder stagnieren. Eine Chakren-Dusche ist eine supereinfache Methode, deine Energie jeden Morgen zu reinigen, während du unter der Dusche stehst. Geh deine Chakren einfach eins nach dem anderen durch und achte darauf, ob irgendetwas in ihnen blockiert ist. Stell dir vor, dass das Wasser, das über deinen Körper läuft, alle Energie fortspült, die in jedem Einzelnen deiner Chakren feststeckt oder stagniert. Ruf zum Schluss die Energie der Quelle an, damit sie jedes Chakra mit strahlend weißem Licht erfüllt.

Abnabeln

Nabelschnüre sind eine unsichtbare energetische Verbindung zwischen zwei Menschen. Sie hängen bei jeder Person an einem Chakra und fühlen sich eher wie ein Haken an. Sie sind kontrollierend und manipulativ. Bei einer gesunden Beziehung kommen zwei ganze Menschen zusammen. Daher ist es wichtig, die energetischen Schnüre zu zertrennen, die im Laufe unseres Lebens entstehen.

Stimm dich am Ende jedes Tages auf deinen Körper ein und achte darauf, ob da irgendjemand ist, der in energetischer Hinsicht an dir zerrt. Geh mit dem geistigen Auge alle deine Chakren durch und stell fest, wo die Schnur an dir festhängt. Spürst du auch, woraus sie besteht?

Vielleicht handelt es sich um einen Haken, ein Tau, ein Band oder sogar ein Stahlseil. Stell dir vor, wie du diese Schnur mit einer Schere oder einem anderen Werkzeug durchtrennst. Wenn du dabei zusätzliche Unterstützung brauchst: Ruf Erzengel Michael an, damit er dir mit seinem großen Silberschwert beim Durchschneiden hilft. Stell dir zum Schluss eine große weiße Lichtkugel vor, die dich einhüllt und beschützt.

Lichtblase

Stell dir vor, dass dein ganzer Körper von einer Riesenblase aus strahlend weißem Licht eingehüllt wird. Diese Blase kann von nichts und niemandem durchdrungen werden. Sie beschützt dich auf all deinen Wegen, an jedem einzelnen Tag.

Erden

Es geschieht etwas Magisches, wenn wir die vollkommene Einheit von Verstand, Körper und Geist erleben. Wenn wir nicht geerdet und ganz in unserem Körper sind, fällt es uns schwer, uns von unserer Intuition leiten zu lassen. Wir fühlen uns vom Leben nicht unterstützt und denken zu viel nach, anstatt zu handeln. Sich zu erden ist eine wunderbare Möglichkeit, mit den Füßen auf den Boden zu kommen und Verstand, Körper und Geist zu integrieren. Es geht supereinfach und kann überall durchgeführt werden.

Finde einen Flecken Erde (falls du keinen finden kannst, stell ihn dir einfach vor) und stell dich barfuß darauf. Spür die Beschaffenheit der Erde unter deinen Füßen.

Schick alle blockierten Energien und Gefühle, mit denen du zu kämpfen hast, durch deinen rechten Fuß in die Erde. Lass durch deinen linken Fuß positive Heilenergie von der Schwingungsfrequenz der Erde strömen und von dort in deinen ganzen Körper fließen.

Einen Baum berühren

Ähnlich wie beim Erden kannst du schlechte Energie umwandeln, indem du einfach einen Baum berührst. Lehne deine Handflächen gegen einen Baumstamm und bitte ihn darum, dich aufzuladen. Darum, jede schlechte Energie aufzulösen, die du möglicherweise in dir trägst.

Bittersalzbäder

Bittersalzbäder sind nicht nur eine tolle Möglichkeit, dein Energiefeld zu reinigen und zu schützen. Sie eignen sich auch perfekt dazu, deinen Körper zu entgiften und deine Adrenalindrüsen zu beruhigen. Ich nehme mehrmals pro Woche eines und fühle mich danach wunderbar im Gleichgewicht.

Hinweis: Wenn du herzkrank oder schwanger bist oder Medikamente einnimmst, halte bitte Rücksprache mit deinem Arzt, bevor du ein Bittersalzbad nimmst.

LEUCHTTÜRME
RENNEN AUCH NICHT
ÜBERALL AUF DER
INSEL HERUM UND
SUCHEN NACH BOOTEN,
DIE SIE RETTEN
KÖNNEN.
SIE STEHEN NUR DA
UND SENDEN IHR LICHT
AUS.

ANNE LAMOTT

SEI DER LEUCHTTURM, NICHT DIE ELEKTRIZITÄT

Als Lichtarbeiter ist es deine Bestimmung, »das Licht zu sein«. Das bedeutet jedoch nicht, dass du zur Lichtquelle für andere wirst, in dem du dich energetisch an sie anschließt.

»Das Licht zu sein« heißt, dein eigenes Licht anzuknipsen, sodass du *dein* Licht sein kannst, nicht *ihres*. Nur sie selbst können ihr Licht sein. Während du dich mit deiner eigenen Lichtquelle verbindest, erleuchtest du gleichzeitig mühelos den Weg für andere. So können sie sich mit ihrem eigenen Licht verbinden.

Du kannst niemanden heilen oder retten, der nicht geheilt oder gerettet werden will. Wenn du andere Menschen für hilflos hältst, erweist du ihnen einen Bärendienst: Du beraubst sie der Gelegenheit, ihr eigenes Licht anzuknipsen und selbst im Fluss mit dem Universum zu sein.

ARBEITE AN DEINEM LICHT

Rennst du herum und suchst nach »Booten, die gerettet werden müssen«? Oder konzentrierst du dich darauf, einfach hell zu strahlen wie ein Leuchtturm?

SIE ERHELLTE JEDEN RAUM.

SOZIALE MEDIEN ALS TEMPEL

Wie wir in den sozialen Medien miteinander umgehen, trägt viel zum künftigen Bewusstsein der Welt bei. Was wir liken, teilen, posten, festpinnen, tweeten und welche Bilder wir ins Netz stellen: Alles davon ist Energie, die unentwegt in den Äther ausgestoßen wird, wo sie sich mit Lichtgeschwindigkeit vervielfacht.

Wir können in jedem Augenblick bewusst wählen, welche Art von Energie wir dazu beisteuern. Die genauen Worte spielen dabei keine Rolle, aber die Energie, die dahintersteckt, sehr wohl. So wie deine Gedanken deine Welt erschaffen, so erschafft unsere kollektive Energie *die* Welt. Dank der sozialen Medien kann sich diese kollektive Energie jetzt sogar noch schneller verbreiten. Darum ist es heute wichtiger als je zuvor, dass du auf deine Gedanken achtest und dir bewusst machst, welche Energie du mitbringst.

Nutze die sozialen Medien in der Absicht, beim Posten etwas in die Welt hinauszutragen. Möchtest du dein Licht mit anderen teilen, das Licht in anderen ermutigen oder hast du andere Motive?

Je mehr wir unsere physische Energie auf Dinge richten, die in Übereinstimmung sind, desto mehr verbreiten sich diese Schwingung und dieses Bewusstseinsniveau. Wenn du ein Posting siehst, das dich anspricht, klicke auf »Gefällt mir« oder teile es mit anderen.

Das Tolle an unserem Zeitalter ist, dass wir die unmittelbare und unendliche Macht der sozialen Medien nutzen können, um unsere Botschaften mitzuteilen und zu verbreiten. Dabei spielt es keine Rolle, ob du die sozialen Medien privat oder geschäftlich nutzt. Beides hat dieselbe Macht.

ARBEITE AN DEINEM LICHT

Nutze die sozialen Medien als Tempel,
indem du bewusst Dinge postest.

WÄHLE EINEN HÖHEREN GEDANKEN

Wir alle haben schlechte Tage, und manchmal passieren einfach blöde Sachen. Du kannst die Situation nicht ändern, aber du kannst ändern, wie du darüber denkst.

Das Schlimmste, was du machen kannst, wenn du schlechte Laune hast, ist, dich selbst dafür auch noch zu tadeln, weil du ja eigentlich »das Licht sein« sollst. Wir sind alle nur Menschen, und es ist ganz normal, dass wir menschliche Gefühle haben.

Fühle, was immer du fühlst. Und dann, wenn du bereit dafür bist, wähle einen höheren Gedanken. Es macht nichts, wenn er nur ein klitzekleines Bisschen höher ist.

Minischritte sind besser, als überhaupt nicht voranzukommen.

ARBEITE AN DEINEM LICHT

Wenn du dich das nächste Mal mau fühlst, gib dich deinen Gefühlen hin, atme tief durch und wähle einen höheren Gedanken.

BASTLE EINE SCHWINGUNGSTAFEL

Um etwas in unser Leben zu ziehen, müssen wir ihm auf der richtigen Schwingungsebene entsprechen. Wenn wir weiter daran denken als etwas, das wir »in der Zukunft« haben wollen, wird es immer in der Zukunft bleiben.

Ich hatte schon Erfolge mit Visionstafeln gehabt, aber es gab immer ein paar Dinge, auf die ich mich irgendwie nicht richtig einschwingen konnte. Dann kam mir die Idee, Folgendes zu kombinieren:

- die Dinge, die wir herbeirufen (was wir wollen);
- die Dinge, die wir bereits herbeigerufen haben (was wir bereits angezogen haben);
- die Dinge, die uns zum Leuchten bringen.

Wenn wir unsere Wünsche für die Zukunft in Übereinstimmung mit dem bringen, was bereits aktuell ist, kann unser Gehirn nicht zwischen beidem unterscheiden. Daher fällt es uns viel leichter, ihnen auf der richtigen Schwingungsebene zu entsprechen. So können wir sie viel schneller anziehen.

Ich nenne dies eine »Schwingungstafel«. Es ist eine Visionstafel und eine Gute-Laune-Tafel zugleich.

An dieser Tafel hängen Bilder von einem Cabrio, einem Strandhaus, meiner Affirmation – *Ich lasse mein Licht so weit leuchten, wie es das Universum für richtig hält* – und einem Treffen mit Oprah (natürlich). Daneben hängen Fotos von den Menschen, die mir am liebsten sind, und Fotos von mir mit meinen Lehrern. Artikel, die über mich geschrieben wurden und ein Liebesbrief von meinem Verlobten. Auf diese Weise sind meine Wohlfühlmomente mit meinen künftigen Manifestationen vermischt.

ARBEITE AN DEINEM LICHT

Bastle deine eigene Schwingungstafel mit Dingen, die du herbeirufen willst, Dingen, die du bereits erfolgreich herbeigerufen hast, und Dingen, die dich zum Leuchten bringen!

MACH DEIN LEBEN ZU EINEM WANDELNDEN GEBET

Ich war noch nie eine große Kirchgängerin, aber schon als kleines Mädchen besaß ich ein unerschütterliches Wissen, dass Gott existiert. Ich spreche hier nicht von einem großen alten Mann in den Wolken, sondern von einer unbekannten Gegenwart, die uns alle miteinander verbindet.

Meine Mutter brachte mir schon früh bei, zu beten, und ich habe es seitdem immer getan. Ich habe eigentlich nie wirklich gewusst, zu wem ich überhaupt bete, aber ich habe immer gefühlt, dass ich erhört werde. Einfach meine Hand auszustrecken und mein Herz mit dem Herzen des Universums zu verbinden führte dazu, dass ich mich besser unterstützt und mit dem ganzen Leben mehr in Verbindung fühlte. Während mein Körper hier unten auf der Erde war, war mein Herz stets im Himmel, und das Beten erinnerte mich daran.

Gebet und Meditation gehen Hand in Hand. Wenn du um etwas bitten willst, bete. Wenn du die Antwort auf dein Gebet hören möchtest, meditiere. Es gab Zeiten in meinem Leben, in denen Beten und Meditieren in den Hintergrund getreten sind. Wenn ich zurückblicke, waren das die Zeiten, in denen ich mich am einsamsten und verlassensten gefühlt habe.

Heute halte ich die Konversation (Fragen und Zuhören) ständig aufrecht, daher ist mein Leben ein einziges wandelndes Gebet.

Du brauchst nicht auf die Knie zu gehen, um zu beten. Du kannst beten, während du die Straße entlangläufst, den Abwasch machst, dir die Nägel feilst, eine Präsentation hältst oder Fahrrad fährst. Es kann eine einfache Unterhaltung sein, eine Bitte um Hilfe oder Rat, ein Dankeschön oder deine Bestellung für das, was du gerne als Nächstes erleben würdest.

Du musst die Worte beim Beten nicht laut aussprechen. Ein Gebet kann aus Gedanken und Wünschen, Schreien und Schweigen, Beichten und Bitten, Dankbarkeit und Staunen bestehen. Es geht lediglich darum, die Hand nach etwas auszustrecken, das über unser menschliches, von allem anderen getrenntes Selbst hinausgeht.

In ihrem Buch *Help, Thanks, Wow* nennt Anne Lamott die drei Haupttypen von Gebeten.

1. **Hilfe-Gebet**: Wenn wir in die Knie gezwungen werden und eingestehen, dass wir Hilfe brauchen.
2. **Dank-Gebet**: Ein Moment der Dankbarkeit, wenn wir Hilfe erhalten haben und erkennen, dass unser Gebet erhört wurde.
3. **Wow-Gebet**: Wenn die Schönheit des Lebens mit all seinen Wundern uns den Atem verschlägt.

Wenn wir aus unserem Leben ein einziges wandelndes Gebet machen, begeben wir uns in einen Raum, in dem wir ständig mit allem verbunden sind. Das Gebet hat keinen Anfang und kein Ende mehr. Wir sind in ständiger Kommunikation mit dem Leben selbst.

ARBEITE AN DEINEM LICHT

Entwickle deine eigene Gebetsform und mach dein Leben zu einer wandelnden Konversation mit etwas, das über dein einzelnes menschliches Selbst hinausgeht.

Δ

DEINE GEISTIGEN HELFER WARTEN

Du hast ein ganzes Team von geistigen Helfern, die nur darauf warten, dich zu unterstützen. Der einzige Haken an der Sache ist, dass sie dir erst helfen können, wenn du sie darum bittest. Das kannst du augenblicklich tun. Jetzt sofort.

Geistige Helfer sind Wesen aus der sechsten Dimension – und noch höheren Dimensionen. Sie widmen sich einzig und allein deinem Wachstum. Viele davon haben zahlreiche Leben hier auf der Erde hinter sich und besitzen – genau wie du – ein vielfältiges Bündel an Gaben, Weisheiten und Erfahrungen. Sie sind sorgsam speziell für dich ausgewählt worden, denn sie passen perfekt zu deiner höchsten Berufung. Ihre einzige Aufgabe ist es, dich so sehr (oder so wenig) zu unterstützen, wie du willst.

Bei meinen Seelenlesungen habe ich festgestellt, dass die meisten Menschen etwa sechs geistige Helfer in ihrem inneren Kreis haben und wir neue dazurufen, wenn wir sie brauchen. Wir werden mit geistigen Helfern geboren und rekrutieren zusätzlich welche im Laufe unseres Lebens.

Sie können dir bei allem Möglichen beistehen: Ob es darum geht, einen Parkplatz zu finden, dein Herz zu heilen, mehr Freude zu erleben, den richtigen Job zu bekommen, deinen künftigen Partner zu treffen oder deine dunkelsten Stunden zu überstehen. Kein Wunsch ist zu groß oder zu klein, zu spezifisch oder zu weit gefasst.

Wenn du ein kreatives Projekt planst, kannst du einen geistigen Helfer anheuern, der während seiner Zeit auf der Erde zum Beispiel selbst Bücher geschrieben hat. Wenn du schwere Zeiten durchmachst, kannst du einen weisen Lehrer anrufen, der dir hilft, sie durchzustehen.

Ich habe mit meinen geistigen Helfern jahrelang nur halbherzig zusammengearbeitet. Im Grunde habe ich lange darauf gewartet, dass sie schwarz auf weiß vor mir erscheinen, bevor ich sie wirklich ernst nehme. Ich wollte eine persönliche Beziehung zu ihnen haben, sie sehen und fühlen können wie einen Freund oder einen Verwandten. Ich wollte wissen, wie alt sie sind, welchen Hintergrund sie haben, wollte ihre Persönlichkeit und ihre Haarfarbe kennen. Ich wollte, dass sie zum Essen vorbeischneien und eine Flasche Wein mit mir trinken.

Ich hatte zwar Vorahnungen und seltsame Visionen, die vor meinem geistigen Auge abliefen, aber ich tat diese Dinge schnell ab, weil mir die handfesten Beweise dafür fehlten. Nachdem ich dies vor ein paar Jahren meiner Lehrerin gestanden hatte, führte sie mich in eine Meditation. Vorher hatte ich mich damit einverstanden erklärt, meine geistigen Helfer ohne Erwartungen kennenzulernen. Als ich meine Erwartungen losließ, wie diese Erfahrung meiner Meinung nach sein sollte, kam zu meiner Überraschung jeder Einzelne meiner geistigen Helfer zu mir.

Einer davon ist eine fürchterlich englische High-Society-Lady aus den 1920ern namens Charlotte. Sie soll mir dabei helfen, dass in den richtigen Kreisen von meiner Botschaft und meinem Namen gesprochen wird. Als begnadete Klatschtante hat sie ihre Finger an den einflussreichsten Stellen.

Da ich mehr Publicity wollte, um größere Chancen zu haben, von Hay House veröffentlicht zu werden, bat ich also meine geistige Helferin Charlotte um Hilfe. Noch am selben Tag wurde ich mit der Journalistin Anita Chaudhuri zusammengeführt. Eine Woche später sollte Anita einen Artikel über Spiritualität in Großbritannien schreiben, der für das *Sunday Times Style Magazine* bestimmt war. (In dem waren zufällig auch mehrere Autoren von Hay House vertreten.) Drei Tage danach erhielt sie einen weiteren großen Auftrag für das *Psychologies*-Magazin. Anita interviewte mich für beide.

Als ich mich zum ersten Mal mit dem Verlagsteam traf, fragten sie mich, wer denn meine Pressesprecherin sei. Ohne nachzudenken, antwortete ich: »Meine geistige Helferin Charlotte.« Alle am Tisch brachen in Gelächter aus. Ich bin in meinem Leben schon an vielen Konferenztischen gesessen, aber das war der Erste, an dem ich meine geistigen Helfer hätte erwähnen können. Wie toll ist das denn?

ARBEITE AN DEINEM LICHT

Willst auch du deine geistigen Helfer kennenlernen? Dann lade dir auf *www.lightisthenewblack.com* meine Meditation dafür herunter.

△

INVESTIERE INS WACHSTUM DEINER SEELE

Deine Seele ist dein wertvollstes Kapital. Du kannst alles, was du hast, in einem Augenblick verlieren. Aber das Wachstum deiner Seele kann dir niemand nehmen.

Die segensreichsten Geschenke, an denen du die Welt teilhaben lassen kannst, sind dein Licht, deine Liebe und dein Bewusstsein. In meinen Augen ist das alles ein und dasselbe. Du bist hier, um als Seele zu wachsen und dadurch mitzuhelfen, dass das Bewusstsein des gesamten Planeten wächst. Während du dich ausdehnst, dehnt sich auch das Universum aus. Wann immer du in deine eigene Ausdehnung investierst, investierst du in die Ausdehnung des Universums. Wenn du mich fragst, ist alles unbezahlbar, was dich deinem Potenzial, deinem Geist und deinem wahren Wesen näherbringt.

Ich habe enorm viel Geld, Zeit und Mühe in mein persönliches Seelenwachstum gesteckt. Für Bücher, Kurse, Heiler, Weiterbildungen, Retreats, Reisen, Pilgerfahrten, Mentoring, Coaching, Schamanen, CDs und Websites. Ich musste schwierige Entscheidungen treffen, viel Vertrauensvorschuss geben und mehr. Aber weißt du was? Jedes Mal, wenn ich etwas in mein Seelenwachstum investiert habe, hat sich diese Investition zehnmal bezahlt gemacht.

ARBEITE AN DEINEM LICHT

Wie könntest du mehr in das Wachstum deiner Seele investieren?

STELL DIR EIN TEAM VON UNTERSTÜTZERN ZUSAMMEN

Wir sind Rudeltiere, wir sollen gar nicht alles allein machen. Jeder braucht ein Team von Unterstützern – von Leuten, die dir Rückendeckung geben. Die dich, egal, was passiert, bedingungslos ermutigen. Sie freuen sich aufrichtig, wenn es gut bei dir läuft. Und leiden mit dir mit, wenn nicht alles nach Plan geht. Sie halten deine Vision aufrecht und sorgen dafür, dass du auf dem richtigen Weg bleibst. Sie stehen immer bereit, nur einen Telefonanruf oder einen Flug entfernt, um dir den Rücken freizuhalten, sobald du ein Wort sagst.

Der Raum um dich herum ist heilig, also behandle ihn dementsprechend. Wenn du nicht schon damit angefangen hast, dann stell dir jetzt ein Team von Unterstützern zusammen. Wen du anheuerst, liegt ganz bei dir, aber es ist die anspruchsvollste Stellenausschreibung, die du je verfasst.

Die unglaublichsten Leute in der Geschichte hatten alle ihr Team: Jesus hatte seine Jünger, Obama das Weiße Haus, Kylie ihre sexy Background-Tänzer.

Dein Team kann aus Freunden und Verwandten bestehen, Lehrern und Heilern, Medien und Schamanen, Nachbarn, Kollegen oder Haustieren. Es spielt keine Rolle, wie viele oder wie wenige es sind. Wichtig ist nur, dass du dich durch sie unterstützt fühlst, und dass sie da sind, um dich aufzuheitern. Ganz gleich, wie gut oder wie schlecht dein Tag ist.

ARBEITE AN DEINEM LICHT

Stell dir ein Team von Unterstützern zusammen. Schreib die Namen von fünf bis zehn Menschen auf, die deine Träume bedingungslos unterstützen. Wenn dir nicht so viele Leute einfallen, bitte das Universum darum, noch heute damit anzufangen, dir welche zu schicken.

ERRICHTE EINEN ALTAR

Dir zu Hause einen Altar aufzubauen, ist ein effektives Mittel, um deine spirituellen Energien in der physischen Welt zu verankern. Einen heiligen Ort voller Dinge, durch die du dich mit allem verbunden fühlst. Betrachte ihn als kleines Eckchen auf der Welt, wohin du kommen kannst, um zu hoffen, zu träumen, dir etwas zu wünschen, zu beten, zu meditieren, über etwas nachzudenken und das Universum um Unterstützung zu bitten.

- Wähle zuerst einen geeigneten Platz für deinen Altar aus. Wenn du mit anderen zusammenlebst und es schwer ist, einen privaten Raum für dich allein zu finden, kannst du einen tragbaren Altar auf deinen Nachttisch stellen. Er könnte nur aus einer Kerze und einem besonderen Gegenstand bestehen. Sonst kannst du deinen Altar beispielsweise auf einem Fensterbrett errichten oder ihm auch eine ganze Zimmerecke widmen. Die Größe spielt keine Rolle, allein die Absicht zählt.
- Such ein paar heilige Gegenstände aus, durch die du dich mit allem verbunden und voller Licht fühlst. Denke darüber nach, was du herbeirufen möchtest. Du kannst zum Beispiel eine Kerze nehmen, das Bild von einem Gott oder einer Göttin. Das Foto von einem Guru, der dir etwas bedeutet, Räucherstäbchen, frische Blumen, einen Glücksbringer, Engelskarten, Kunstwerke. Oder Ausschnitte aus Zeitschriften, Federn, einen Champagnerkorken, das Bild von einer geliebten Person. Es gibt keine Regeln. Nimm einfach das, wodurch sich deine Seele gut fühlt.
- An deinem Altar kannst du eine Kerze anzünden und ein Gebet

sprechen. Zum Beispiel das »Bitte nutze mich«-Gebet aus Teil V, nachdem du die *Light-Sourcing*-Meditation gemacht hast.

- Der Altar ist ein energetisches Portal, durch das du mit dem Universum kommunizieren kannst. Daher ist es wichtig, ihn zu pflegen und frisch zu halten. Möglicherweise hast du das Bedürfnis, ab und zu etwas auszutauschen. Oder du pflückst jede Woche eine Blume dafür, damit die Energie rein und heilig bleibt. Denke nicht zu viel darüber nach. Mach einfach, was sich gut anfühlt.

ARBEITE AN DEINEM LICHT

Bau dir einen Altar. Falls du schon einen hast, poste Bilder davon unter *#LightIsTheNewBlack*.

LASS GENUG PLATZ FÜR GNADE

Wenn wir unser Leben bis zum Rand vollstopfen, gibt es keinen Platz mehr für etwas Neues. Wenn dein Leben voll ist, kann das Universum die neuen Dinge, um die du bittest, nirgendwo hinliefern.

Dein Leben regelmäßig zu entrümpeln, kann dir dabei helfen, Dinge loszulassen, die dir nicht länger von Nutzen sind. Dadurch machst du den Weg frei für Neues. Während du die alten Schachteln aus deiner Vergangenheit wegwirfst, lässt du gleichzeitig auch alte Gedankenmuster und Ängste los.

Wenn wir uns an den Dingen, die uns umgeben, festklammern, sind wir so mit dem Festhalten beschäftigt, dass wir die Chancen, die direkt auf uns zukommen, nicht ergreifen können.

Es jagt uns Angst ein, loszulassen und einen Spalt offen zu halten. Darum tut es nicht jeder.

Du bist nicht wie jeder. Du bist mutig.

Und ich nehme an, es gibt etwas, dass du loszulassen bereit bist, um für etwas viel Besseres Platz zu machen. Etwas, das du *wirklich* verdienst.

ARBEITE AN DEINEM LICHT

Was würdest du loslassen, wenn du keine Angst davor hättest, dass nichts anderes seinen Platz einnehmen wird?

MEINE SEELE RUFT MICH DAZU AUF, ZU …

Teil V

SEI DAS LICHT

Diene der Welt, indem du DU bist

REISE MIT LEICHTEM GEPÄCK, LEBE LEICHT, VERBREITE DAS LICHT, SEI DAS LICHT.

YOGI BHAJAN

△

DEIN LICHT WIRD HIER GEBRAUCHT

Unterschätze nicht die Macht deines Lichts. Es leuchtet, um die Welt zu verändern. Dein Licht leuchtet am hellsten, wenn du tapfer in dein größtes, authentischstes Selbst eintrittst. Vielleicht wirst du das wahre Ausmaß deines Einflusses nie erfahren, aber du kannst darauf vertrauen, dass er größer ist, als du es dir je vorstellen könntest. Dein Licht wird hier gebraucht.

DU BIST DU (#DBD)

Verschwende nicht deine Zeit, indem du versuchst, der Mensch zu werden, der du gerne sein würdest. Verbring deine Zeit lieber damit, der Mensch zu sein, der du bereits bist. Der Mensch, der du gerne wärst, steckt nämlich bereits in dir drin.

Du bist DU.

Sagen wir, du würdest gerne Schriftstellerin sein. Wenn du gerne Schriftstellerin wärst, heißt das, dass du bereits eine bist. Du brauchst niemanden, der daherkommt und es dir bestätigt. Niemanden, der dir deinen Wunsch gewährt, niemanden, der dir die Genehmigung erteilt. Es ist genau das, was du bist. Und zwar schon jetzt, in diesem Augenblick.

Du bist DU.

Wenn wir unsere Zeit damit verbringen, der zu sein, der wir bereits sind, ist das, was wir tun, nur ein Nebenprodukt unseres Seins. Wenn du also eine Sängerin bist, dann sei es einfach. Ganz gleich, was dabei herauskommt. Es ist das, was du bist. Du musst nichts tun, um es irgendwann einmal zu sein. Die Sängerin steckt bereits in dir drin. Und sie will *jetzt* singen.

Du bist DU.

Es geht dich nichts an, wie viele Leute deine Bücher lesen, deine Songs herunterladen, deinen neuesten Entwurf loben, deine Kunstwerke kaufen oder deine Tweets weiterleiten. Alles, was dich etwas angeht, ist das zu tun, was dich zum Leuchten bringt, durch das du dich lebendig fühlst und was dein Licht noch heller strahlen lässt. Löse dich von der Anhaftung ans Ergebnis. Es geht dich sowieso nichts an.

Du bist DU.

Es ist absolut fantastisch, wenn du dich einfach auf das Sein konzentrierst und dein Tun von dort kommen lässt. Jede Anhaftung an das Ergebnis verschwindet dann wie von Zauberhand, und es geschieht etwas ganz Besonderes: Wenn du es zulässt, ganz vom Sein erfüllt zu werden, kann das Universum nämlich nicht anders, als dich zu unterstützen.

Du bist DU.

Also sei DU, ganz egal, was dabei herauskommt. Tu die Dinge, die du gerne tust. Unabhängig davon, für wie gut dich man dich darin hält. Kümmere dich gar nicht darum, was andere Leute sagen.

Du bist DU.

Du bist bereits alles, wonach du strebst. Und je öfter du dich so verhältst, wie du innerlich bereits bist, desto erfüllter wirst du dich fühlen. Je erfüllter du dich fühlst, desto mehr wirst du DU. Und je mehr du DU wirst, desto heller leuchtest du für alle um dich herum.

Du bist DU.

△

DIE WELT BRAUCHT DICH

Wenn du dem nachgehst, was du liebst, und es so tust, wie nur *du* es kannst, dann dienst du der Welt, indem du Du selbst bist. Wenn du deine Zeit damit verbringst, jemand anderes zu sein, dann hältst du die einmaligen Gaben zurück, die nur du geben kannst.

Shonda Rhimes (die Autorin von *Grey's Anatomy* und meine Lieblings-Serienautorin aller Zeiten) hielt ihre Antrittsrede in Dartmouth. Sie erzählte, dass sie, als sie vom College abging, davon geträumt habe, die Nobelpreis-Autorin Toni Morrison zu *sein*. Irgendwann wurde ihr jedoch klar, dass diese Rolle bereits vergeben war und die Welt keine zweite Toni Morrison brauchte. Die einzige Rolle, die sie haben konnte, war die der Shonda Rhimes. Also tat sie das, was sie zum Leuchten brachte: Sie ging zur Filmhochschule und erzählte Geschichten auf eine Art, wie nur sie es konnte.

Viele Jahre und viele *Golden Globes* später erlebte sie einen dieser wunderbaren Momente, in denen sich der Kreis für sie schloss. Sie saß bei einem Dinner Toni Morrison gegenüber. Und alles, worüber sich ihr Idol mit ihr unterhalten wollte, war, was in *Grey's Anatomy* passierte …

Ich *liebe* diese Geschichte! Shonda brachte es schön auf den Punkt: »Das wäre nie geschehen, wenn ich nicht aufgehört hätte, davon zu träumen, so zu werden wie sie [Toni Morrison], und mich stattdessen selbst an die Arbeit gemacht hätte.«

Ihr Traum ist nicht wahr geworden. Es ist etwas viel Besseres passiert. Sie ist stattdessen sie selbst geworden.

Das bestmögliche Ergebnis, das das Universum für dich vorgesehen hat, ist viel besser als der größte Traum, den du dir jemals ausdenken könntest. Die einzige Kunst ist, ganz in dem aufzugehen, was dich zum Leuchten bringt. Und es so zu tun, wie nur *du* es tun kannst.

Die Welt braucht deine Gegenwart.
Diene der Welt, indem du Du bist.

ARBEITE AN DEINEM LICHT

Eiferst du jemandem nach, den du bewunderst?
Oder willst du mehr zu dir selbst werden?

STELL DICH IN DEN DIENST VON ETWAS

»Ich habe gelernt, dass Menschen vergessen, was du gesagt und was du getan hast. Aber sie werden nie vergessen, wie sie sich in deiner Gegenwart gefühlt haben.«

MAYA ANGELOU

Dich in den Dienst von etwas zu stellen bedeutet, dein Leben einer Sache zu widmen, die größer ist als du selbst. Damit dein Leben in der Welt etwas bewirkt.

Es muss keine gigantische Mission sein, bei der du im Alleingang die Welt rettest, ein Heilmittel gegen Krebs findest oder dich in ein buddhistisches Kloster zurückziehst. Wenn du nur im Leben eines einzigen Menschen etwas bewirkst, kann das schon große Wellen schlagen.

Meine Englischlehrerin in der siebten Klasse, Ms. Dorothy Bottrell, diente der Welt, indem sie exzentrisch, großherzig und präsent war. Sie lebte ihre Eigenschaften voll aus und ermutigte damit alle ihre Schüler dazu, sich ganz individuell kreativ auszudrücken. Anstatt dezente, schlichte Kleidung zu tragen wie alle anderen Lehrerinnen, spiegelte ihr Outfit jeden Tag ihren Geist wider. Wenn sie zu ihren Schülern sprach, sprach sie zu ihren Herzen. Sie gab ihnen das Gefühl, sie wirklich zu sehen. Vom ersten Tag an, als sie die Anwesenheitsliste durchging, fühlte ich mich plötzlich inspiriert und als etwas ganz Besonderes.

Ms. Bottrell machte aus einem Aufsatz ein inspirierendes Abenteuer. Sie sagte uns, dass Geschichten darauf *warten*, erzählt zu werden. Und dass wir die perfekten Menschen seien, um sie zu erzählen. Unsere Aufgabe sei es nicht, einen Aufsatz zu schreiben, sondern unser allererstes

Buch. Und die Belohnung dafür war, dass wir das, was wir uns ausgedacht hatten, den Kids im Kindergarten vorlesen durften. Sie sagte, diese Kinder warteten nur darauf, dass wir ihnen die Geschichten erzählten. Und zwar so, wie nur *wir* sie erzählen konnten!

Ms. Bottrell inspirierte mich dazu, mein ganzes Herz und meine ganze Seele in mein Buch zu stecken: *Wo kommen die Regenbogen her?* In den Schulferien ging ich in Antiquariate, um dort nach Inspiration aus allen Zeiten und mystischen Traditionen zu suchen. Ich verbrachte Stunden damit, das Buch mit meinen Lieblingswassermalstiften zu illustrieren. Es wurde sogar von *Tucker Glynn & Co.* »veröffentlicht«. Die Buchhaltungsfirma des Vaters meiner Freundin Terri hatte nämlich einen Farbkopierer und ein Bindegerät. (Mann, es waren die Neunziger!)

Ich werde nie den Tag vergessen, an dem uns Ms. Bottrell unsere Bücher zurückgab und uns dazu gratulierte, »Schriftsteller« zu sein. Sie hatte meinem Buch einen handgeschriebenen zweiseitigen Brief beigelegt, der richtig von Herzen kam. Dazu schenkte sie mir ein liebevoll ausgesuchtes Fensterbild mit einem Regenbogen und einem Delfin sowie ein selbst verfasstes Gedicht, zu dem sie von meiner Geschichte inspiriert worden war. Ich fing an zu weinen, weil ich mich in diesem Moment so geliebt und besonders fühlte. Dann blickte ich mich im Klassenzimmer um und entdeckte, dass sie für *jeden* Schüler einen Brief geschrieben und ein passendes Geschenk ausgesucht hatte.

Ms. Bottrell hat die Herzen von jedem Einzelnen berührt und unseren Geist ermutigt. Ich habe mein Buch immer noch und meine Mom darum gebeten, es mir zu unserem Treffen in Paris mitzubringen, während ich dieses Buch hier schreibe.

Ms. Bottrell war sehr unkonventionell. Anders als jeder andere Lehrer, den ich je kennengelernt habe. Hätte sie ihre Jahre damit verbracht, jemand anderes sein zu wollen, wäre die Welt weniger mitfühlend, kreativ und hell. Zumindest mein Leben wäre anders gewesen. Und ich zweifle nicht daran, dass es Hunderte, wenn nicht Tausende gibt, die von ihrem Geist berührt wurden.

MANTRA

Ich bringe die Welt zum Leuchten, indem ich ICH bin.

DIENE DORT,
WO DIR DAS HERZ
AUFGEHT.

BITTE NUTZE MICH – EIN GEBET

Ich bitte um die Gnade des Universums, heute durch mich zu arbeiten, sodass ich der Welt dienen kann, indem ich ICH bin.

Lass mein Licht so hell leuchten, wie es das Universum für richtig hält, und die Herzen derer berühren, die es am meisten brauchen.

Möge mein Leben ein wandelndes Gebet sein.

Amen.

DU©

Du ähnelst keinem anderen in diesem Dorf, dieser Stadt, diesem Land, auf diesem Kontinent, diesem Planeten, in diesem Sonnensystem, dieser Galaxie, diesem Universum, diesem Multiversum und darüber hinaus. Noch weit darüber hinaus. Durch alle Dimensionen von Raum und Zeit gibt es niemanden wie dich, gab es niemanden wie dich und wird es nie niemanden wie dich geben. Nicht einmal annähernd. Deine Haarfarbe, die Art, wie du aufgewachsen bist, deine Hochs und Tiefs. Dein Akzent, dein Wesen und alle Lektionen, die du auf deinem Weg gelernt hast. Deine Körpergröße, deine Hautfarbe und alles, was du in den vielen Leben erfahren hast, durch die deine Seele bereits geschwommen ist. Du bist ein herrlicher Wandteppich, der mit jedem Atemzug weitergewoben wird. Der sich mit jedem Gedanken, jeder Tat und jeder Bewegung weiterentwickelt.

Jetzt, jetzt, jetzt.

Solange die Menschheit existiert, wird kein anderer jemals auch nur annähernd dieselbe Kombination erstaunlicher Eigenschaften besitzen, die du jetzt gerade besitzt. Du bist die Gabe. Du bist das Licht. Es ist dein Du, das die Welt zum Leuchten bringt. Sei wie niemand sonst.

Sei du©.

GEH VORAN,
STATT ZU FOLGEN.

GEH VORAN, STATT ZU FOLGEN

Das Zeitalter, in dem man Führern gehuldigt hat und ihnen nachgefolgt ist, ist vorbei.

Du bist du (#DBD).

Es gibt niemanden auf diesem Planeten, der auch nur annähernd dieselbe Kombination von einzigartigen Fähigkeiten, Gaben und Lebenserfahrungen mitbringt wie du. Das ist eine Tatsache.

Wenn du deine Zeit damit vergeudest, jemand anderem nachzueifern, werden fünf Dinge passieren:

1. Du lieferst zweitklassige Arbeit in etwas ab, was jemand anderes immer besser, schneller, müheloser und wie von selbst erledigen wird.
2. Bis du herausgefunden hast, wie du es ihm gleichtun kannst, hat er sich weiterentwickelt und geht zu seinem nächsten tollen Ding über.
3. Dein Erfolg hält sich in Grenzen, weil du nicht im Fluss mit dem Universum bist.
4. Du versäumst es, dein eigenes, einzigartiges Meisterwerk zu erschaffen und die Welt durch deine Gegenwart heller zu machen.
5. Da du nicht im Fluss mit dem Universum bist, wird dir immer alles etwas schwerfallen.

Verlass dich nicht darauf, dass die Menschen, die vor dir da waren, dir den Weg bereiten. Schlag deinen eigenen Weg ein. Das tun wir, indem wir unser ganzes 360-Grad-Selbst annehmen. (Sogar unsere Marotten und Widersprüche sind eine gute Sache.)

Es erfordert etwas Mut, aber sobald du auf deinem Weg bist, fühlt es sich einfach nur toll an. Denn alles arbeitet in perfekter Harmonie zusammen. Alles passt, alles ist um dein Du herumgebaut. Und bevor du es richtig kapierst, rollt sich dein roter Teppich neben denen aus, die du früher bewundert hast. Und sie werden *dich* dafür bewundern, dass du deinen eigenen Weg eingeschlagen hast.

ARBEITE AN DEINEM LICHT

Kannst du heute schon eine Sache tun,
um mutig deinen eigenen Weg einzuschlagen?

AKZEPTIERE DEINE MAROTTEN

»Du hast eine Meise, bist verrückt,
nicht bei Sinnen. Aber ich verrate dir was:
Das macht eben die Besten aus.«

ALICE IM WUNDERLAND, LEWIS CARROLL

Laut Wörterbuch ist »Marotte« ein Synonym für »Verrücktheit«, was wiederum so viel bedeutet wie »ungewöhnlich«, »nicht von dieser Welt«. Ich weiß ja nicht, wie es dir geht, aber ich bin dafür sofort zu haben! Sei nicht normal. Akzeptiere deine Marotten. Zieh dich nackt aus. Sei ein komischer Kauz. Lass den Spinner in dir heraus. Wenn du das tust, geschehen drei verblüffende Dinge:

1. Die Menschen in deinem Leben, die dich nicht wirklich mögen, bleiben nach und nach weg. Das mag sich erst wie ein Verlust anfühlen, ist aber tatsächlich ein Gewinn.
2. Du fühlst dich viel besser und freier. Oh, und du bist auf dem besten Weg, der Welt dadurch zu dienen, indem du *D*U* bist.
3. Du räumst den Weg frei, sodass deine Leute dich finden können. Nämlich die Leute, die genau danach suchen, was du bereits bist.

Als ich meine persönliche Marotte angenommen habe – mit anderen Worten, als ich mich stolz und mit Vollgas spirituell geoutet habe –, da habe ich meinen Verlobten Craig in mein Leben gezogen. Er behauptet, als er mein Schlafzimmer betreten hatte (voller Kristalle, Engelskarten, Salbeiräucherstäbchen, Pendel und Bücher über die Akasha-Chronik), da wusste er, dass ich seine künftige Ehefrau sein würde.

Später fand ich heraus, dass ihn als Kind alle seine Freunde für verrückt gehalten hatten, weil er statt einem Poster von Kylie Minogue über seinem Bett ein Plakat von *Sabrina – Total verhext!* hängen hatte!

Verrückt ist das neue Normal. Seien wir alle ein bisschen verrückt!

△

MEINE LISTE VON MAROTTEN

1. ______________________________
2. ______________________________
3. ______________________________
4. ______________________________
5. ______________________________
6. ______________________________
7. ______________________________
8. ______________________________
9. ______________________________
10. ______________________________

RUF DEINE LEUTE HERBEI

»Wir sind alle ein bisschen verrückt, und das Leben ist ein bisschen verrückt. Wenn wir dann jemanden finden, dessen Verrücktheit mit der unsrigen kompatibel ist, tun wir uns mit ihm zusammen, machen uns gegenseitig verrückt und nennen es Liebe.«

DR. SEUSS

Ruf deine Leute herbei. Sie sind da draußen.

Die, die dich kriegen.

Die genauso bescheuert sind wie du, auf die gleiche Weise verrückt.

Die, denen du nichts erklären musst.

Die dich gewinnen sehen wollen und es spüren, wenn du scheiterst.

Die sich freuen, wenn sie dich sehen.

Die, ganz gleich, wie lange sie schon auf diesem Planeten sind, das Gefühl haben, sie hätten die ganze Zeit nur nach dir gesucht.

Sie sind da draußen. Und sie wollen dich finden. Aber du musst dich ganz deinen Marotten hingeben, damit sie dich erkennen, wenn sie dich sehen.

ARBEITE AN DEINEM LICHT

Wen gibt es bereits in deinem Leben, der zu deinen Leuten gehört, der auf ähnliche Weise verrückt ist wie du? Wie kannst du deine Verrücktheit annehmen, um noch mehr von deiner Art herbeizurufen?

SIE WAREN
AUF DIE GLEICHE ART
VERRÜCKT.

MACH DEINEN GEIST ZU DEINER MARKE™

Ich habe über ein Jahrzehnt in der Werbung gearbeitet und einigen der größten Marken der Welt dabei geholfen, zu ihrer authentischen Stimme zu finden. Marken geben Millionen dafür aus, um sorgsam zu kultivieren, was du bereits besitzt. Was dir nichts und niemand wegnehmen oder auch nur annähernd imitieren kann.

Beim ganzen Prozess der Markenbildung geht es um Personifizierung. Weil Marken nicht mit einem einzigartigen Geist geboren werden (im Gegensatz zu dir), muss ihr Geist künstlich geschaffen werden. Wenn man eine Marke für ein Produkt etabliert, kreiert man buchstäblich eine Persönlichkeit samt Glaubensinhalten, Tonfall und visuellem Stil, die es vorher noch nicht gegeben hat.

Du wurdest bereits mit deiner persönlichen Marke geboren. Es war dir damals vielleicht noch nicht bewusst, aber sie war schon voll und ganz vorhanden, als du deinen ersten Atemzug getan hast. Doch mit deiner Geburt hat es nicht angefangen. Du hast sie schon seit Hunderten, Tausenden, vielleicht Millionen von Jahren kultiviert. Sie lebt und atmet und entwickelt sich dabei unentwegt weiter. Sie ist dein Wesen, dein Geist, dein Dusein.

Sie ist Du©.

Deine Marke steckt in dir drin. Und sie möchte herauskommen. Es geht nur darum, sie zu erkennen, sich an sie zu erinnern und zu beschließen, sie ans Tageslicht zu bringen. Sie ist du in deiner ausgedehntesten Form. Das Du, das es kaum erwarten kann, herausgelassen zu werden. Das strahlende, sprühende, kraftvolle Du.

Wir dehnen uns aus, wenn wir uns selbst gestatten, das einzigartige Wunder anzunehmen und auszudrücken, was wir wirklich sind. Wir ziehen uns zusammen, wenn wir unserer Herrlichkeit den Rücken zukehren, weil wir versuchen, wie jemand anderes zu sein. Wenn wir uns zusammenziehen, wenden wir uns gegen die Quelle und den Fluss des Universums.

Entscheide dich dazu, dich auszudehnen.
Mach deinen Geist zu deiner Marke.

ARBEITE AN DEINEM LICHT

Zähle zehn Wörter auf, die dich am besten beschreiben. Dein Dusein. Dein Du©. Die über das hinausgehen, was die Gesellschaft über dich und die Rollen, die du einnimmst, sagt. Die beschreiben, wer du wirklich bist.

1. ______________________
2. ______________________
3. ______________________
4. ______________________
5. ______________________
6. ______________________
7. ______________________
8. ______________________
9. ______________________
10. ______________________

Wenn du dies auf fünf Wörter verdichten müsstest, welche wären es?

1. ______________________________
2. ______________________________
3. ______________________________
4. ______________________________
5. ______________________________

Wenn du dies auf drei Wörter verdichten müsstest, welche wären es?

1. ______________________________
2. ______________________________
3. ______________________________

Δ

DEIN STAMM ERWARTET DICH

»Wir brauchen dich, um uns zu führen.«

SETH GODIN

Die Welt braucht mehr Anführer. Mehr Menschen, die mutig nach vorn treten, ihre Stimme erheben und vorangehen. Du musst noch nicht alles vollständig beisammen haben, um zu führen. Tatsächlich hilft es sogar, wenn du noch nicht alles super vorbereitet hast. Niemand will einen perfekten Engel, der noch nie einen Fehler gemacht hat.

Mach dein Leben zu deiner Botschaft. Unterschätze nicht, welche Macht es hat, deine Geschichte anderen mitzuteilen. Wenn wir von der Reise eines anderen Menschen hören, fühlen wir uns weniger allein. Wir sehen dann, dass es vielleicht auch für uns einen Ausweg gibt, wenn es für andere einen gab. Und wir erkennen, dass wir in diesem Leben alle in einem Boot sitzen.

Wir sind gar nicht so allein, wie wir uns fühlen.

Der Unterschied zwischen einem Mitläufer und einem Anführer ist, dass Letzterer mutig genug ist, als Erster zu gehen. Indem er tapfer vortritt, zeigt er anderen einen Weg, auf dem sie sich ebenfalls vorwagen können. Versuch nicht allzu krampfhaft herauszufinden, wer zu deinem Stamm gehört. Fixiere dich nicht auf bestimmte Dinge wie Alter, Einkommensniveau, Hobbys oder Beruf. Der beste Weg, um deinen Stamm zu finden, ist, in den Spiegel zu sehen. Wenn du dich dazu berufen fühlst zu führen, hast du dich wahrscheinlich irgendwann in deinem Leben danach gesehnt, von jemandem geführt zu werden. Dein

Stamm sehnt sich nach genau derselben Sache wie du damals (und manchmal noch heute).

Dein Stamm steht vielleicht nur einen Schritt hinter dir. *Hey*, er könnte sogar neben dir stehen. Du musst nicht perfekt vorbereitet sein, und du brauchst auch kein Zertifikat, das dich ermächtigt. Du brauchst nur den Mut aufzustehen. Nimm deine Kämpfe an, die Höhen und die Tiefen. Du brauchst den Weg nicht zu kennen. Du musst nur daran glauben, dass es einen anderen geben könnte.

Dein Stamm erwartet dich. Tritt vor, damit er dich finden kann.

ARBEITE AN DEINEM LICHT

An welchem Punkt in deinem Leben hattest du
das größte Bedürfnis, geführt zu werden?
Wenn du zurückblickst: Was hättest
du damals am meisten hören müssen?

Δ

DU BIST DEINE BOTSCHAFT

Deine Botschaft ist dein Leben. Deine Kämpfe und deine Siege. Deine Höhen und deine Tiefen. Dein Anfang und deine Mitte. Ein Ende gibt es nicht.

Sie besteht aus den Dingen, auf die du am meisten stolz bist. Und aus den Dingen, die du am liebsten vergessen würdest. Und je spezieller deine Geschichte ist, desto universeller ist deine Botschaft.

Ganz gleich, wie du dein Licht verbreiten möchtest: Du wirst mehr Menschen berühren, wenn du offen mit deiner Reise und den schwersten Lektionen, die du unterwegs gelernt hast, umgehst. Sowohl den guten als auch den schlechten. Die besten Lehrer sind ewige Schüler. Ihre Botschaft wächst mit ihnen. Deine Botschaft ist die Moral deiner Geschichte. Und es gibt Menschen, die darauf warten, sie zu hören. Eine Geschichte, die unerzählt bleibt, ist die traurigste, die es gibt. Also erzähle deine Geschichte jetzt.

ARBEITE AN DEINEM LICHT

Eine tolle Möglichkeit, um dir über deine Botschaft klar zu werden, ist sie dir als Hollywood-Film vorzustellen. Es muss ja nicht gleich deine ganze Lebensgeschichte sein.
Ein Kapitel reicht. Frag dich:

Worum würde es in dem Film gehen?
Zu welchem Genre würde er gehören?
Wie würde die Hauptfigur sein?

Wer spielt die Nebenrollen?
Wer oder was ist der Gegenspieler?
Und die Moral von der Geschicht?
Wie lautet der Titel?

Δ

SUCH DIR DEINEN TITELSONG AUS

Dir deinen eigenen Titelsong auszusuchen, ist eine fantastische Möglichkeit, um mit deinem wahren Selbst in Verbindung zu bleiben. Betrachte ihn als musikalischen Anker, mit dem du dich selbst jederzeit nach Hause rufen, zum Leuchten bringen und aufmuntern kannst. Du kannst ihn jeden Morgen nach dem Aufwachen hören, während du die Straße entlangläufst, oder vor einem wichtigen Meeting. Er bringt dich auch wieder in die richtige Spur, wenn du schlechte Laune hast.

Dein Song kann absolut alles sein, was du willst. Wenn du kreativ werden möchtest, kannst du sogar deinen eigenen komponieren. Ich spiele meinen eigenen Titelsong (*She's a Rainbow* von den Rolling Stones) nun schon ein paar Jahre lang. Zuerst hatte ich ihn ausgesucht, weil er alles verkörperte, was ich gerne werden wollte. Im Innersten war ich das natürlich bereits, konnte es aber nicht zeigen, weil ich noch zu gehemmt dazu war. Jedes Mal, wenn ich ihn hörte, war es fast so, als ob ich die verloren gegangenen Stücke von mir selbst nach Hause rief.

Erst hörte ich ihn, wenn ich die Straße entlanglief. Dann schmiss ich jeden Abend eine kleine Tanzparty in meiner Wohnung. Später spielte ich ihn in meinem Kopf ab, bevor ich eine große Kampagne präsentierte oder eine geistige Sitzung abhielt. Schließlich nahm ich meinen ganzen Mut zusammen und spielte ihn Craig vor. Und jetzt singt er ihn mir vor!

ARBEITE AN DEINEM LICHT

Such dir deinen Titelsong aus. Es kann jedes Lied auf der ganzen Welt sein. Oder komponier dir selbst einen, falls du den Drang danach verspürst. Zieh ihn auf deinen *Mp3-Player, Handy* oder *Spotify* und hör ihn dir täglich an.

Δ

SCHREIB DEINEN EIGENEN SLOGAN

Wenn du ein Vermächtnis hättest, was wäre es? Wenn wir unsere Botschaft zu einem kurzen Slogan verdichten müssen, zwingt uns das, uns wirklich darüber klar zu werden, was wir der Welt am meisten mitteilen wollen. Das muss nichts Weltbewegendes sein.

Der Slogan ist wie ein Manifest dafür, wer du bist und wofür du stehst. Es mag albern klingen, aber die Klarheit, die ein eigener Wahlspruch mit sich bringt, ist ein echter Glücksfall. Vor allem, wenn du vor einer schwierigen Entscheidung stehst. Du kannst jede Option abwägen und sehen, welche besser zu deinem Slogan passt. Er ist auch ein tolles Mittel, um zu überprüfen, ob in deinem Leben alles übereinstimmt.

Mein Freund Blair hatte den persönlichen Slogan »Gute Zeiten«. Da er nicht gerade unter einem schwachen Selbstvertrauen litt, benutzte Blair ihn, so oft er nur konnte. Wenn er seine E-Mails unterschrieb, wenn er jemandem zuprostete, wenn ihm jemand etwas erzählte, wenn er eine Geschichte weitererzählte. Bei jeder denkbaren Gelegenheit erwähnte er ihn.

Als ich kurz nach seinem Tod in Sydney ankam, organisierten wir sofort seine Beerdigung. Das Motto der Trauerfeier war natürlich »Gute Zeiten« und wahrscheinlich das größte Spektakel, das die *Sydney Theatre Company* je gesehen hatte. Es wurde gesungen, es gab Comedy-Acts, es wurden Reden gehalten, Videos gezeigt und Fotomontagen von allen Dingen ausgestellt, die Blair ausgemacht hatten. (Er hätte die Aufmerksamkeit genossen!) Es gab sogar eine Gute-Zeiten-Schranke am Eingang.

Blair hatte sein Leben von ganzem Herzen nach seinem Manifest ausgerichtet, sodass jeder der Anwesenden wusste, was er von Blair über das Leben gelernt hatte. Wir hatten Gute-Zeiten-Plaketten machen lassen, die wir heute noch alle tragen. Damit würdigen wir die Art, wie Blair sein Leben gelebt hat. Unser Freund widmete sein ganzes Leben dem Motto, die guten Zeiten zu bemerken, zu nutzen und zu genießen. Zu schätzen, was das Leben uns allen zu bieten hat. Selbst Leute, die Blair kaum kannten, waren gerührt vom überschwänglichen Wesen seines Geistes. Weil er sich so im Klaren darüber war, wer er war und wie er sein Licht verbreiten wollte.

Du bist ein rares Geschenk. Du kannst dein Leben allem widmen, was du willst. Also, was soll dein Vermächtnis sein? Und wie würde dein Slogan lauten, wenn du einen für dich schreiben müsstest?

ARBEITE AN DEINEM LICHT

Mein persönlicher Slogan ist:

Was in deinem Leben steht nicht im Einklang mit deinem Wahlspruch?

OUTE DICH ALS SPIRITUELL

»Kommt raus, kommt raus, wo immer ihr auch seid!«

GLINDA, DIE GUTE HEXE DES NORDENS, *DER ZAUBERER VON OZ*

Oute dich in spiritueller Hinsicht. Es ist viel besser, wenn du offen damit umgehst und es nicht vor anderen verheimlichst. Heutzutage wird es gesellschaftlich zunehmend akzeptiert, seine Spiritualität offen auszuleben. Aber wenn du deine Spiritualität schon lange im Verborgenen hältst, kann es dir schwerfallen, sie zu offenbaren – vor allem den Menschen gegenüber, die dich »am besten kennen«. Denn damit zeigst du ihnen, dass es noch andere Seiten von dir gibt, als du sie hast sehen lassen.

Ich habe meine Spiritualität über ein Jahrzehnt lang versteckt. Ich habe Leuten immer erst auf den Zahn gefühlt, bevor ich ihnen flüsternd offenbart habe, wie »spirituell« ich wirklich war. Doch als mich meine Seele dazu aufrief, mein Leben in Übereinstimmung zu bringen, wusste ich, dass ich mich nackt ausziehen musste. Also kam ich Stück für Stück aus meinem Versteck heraus und begann die Hüllen fallen zu lassen.

Der größte Schritt war, mein spirituelles Selbst mit an meinen Arbeitsplatz zu nehmen. Ich erzählte meinen Kollegen von den Wochenendkursen, die ich belegte. Ich ließ die Bücher, die ich las, offen auf meinem Schreibtisch liegen (anstatt sie, wie vorher, in meiner Tasche zu verstecken, damit niemand den Umschlag sah). Ich erzählte, dass ich an die Verbindung von Kreativität, Spiritualität und Ideen glaube, die darauf warten, geboren zu werden. Dann begann ich in Meetings immer wieder das »S-Wort« fallen zu lassen und prägte den Satz: »Mach deinen Geist zu deiner Marke.«

Je mehr Hüllen ich abstreifte, desto befreiter fühlte ich mich. Je mehr ich von meinem wahren Selbst zeigte, desto leichter fiel mir die Arbeit. Ich konnte dort endlich ganz ich selbst sein. Anstatt mich in eine Form zu pressen, floss ich über und dehnte mich aus. Und dann wurde dieses Überfließen zu meinem »Ding«. Ich bekam Gehaltserhöhungen, gewann Awards, wurde befördert. Die Teile von mir, die ich zu kontrollieren versucht hatte, waren tatsächlich die, die alle am meisten an mir schätzten. Mich nackt auszuziehen war die befreiendste und lohnendste Erfahrung meines Lebens.

Wir beeinflussen die Welt am meisten, wenn wir ihr unser ganzes Selbst zeigen. Bringst du dein ganzes Selbst in alle Bereiche deines Lebens ein? Niemand verlangt von dir, dass du dir alle Kleider auf einmal vom Leib reißt und plötzlich am helllichten Tag entblößt dastehst. So, dass alle dich sehen und mit dem Finger auf dich zeigen. Das ist der Stoff, aus dem Albträume sind. Der beste Striptease lässt der Fantasie noch etwas übrig.

Du nimmst vielleicht erst einmal den Hut ab, dann den Schal und dann die Handschuhe. Als Nächstes kommt vielleicht der Mantel, gefolgt von deinen High Heels. Zuletzt kommen dein Kleid, dein BH und der Rest. Je mehr Hüllen zu Boden fallen, desto mehr wollen die Leute sehen.

Je mehr du von dir offenbarst, desto eher wirst du von »deinen Leuten« gefunden. Es ist viel schwieriger, jemanden ausfindig zu machen, der verkleidet ist.

ARBEITE AN DEINEM LICHT

Hältst du deine Spiritualität verborgen? Wie kannst du damit anfangen, dich nackt auszuziehen und alle Bereiche deines Lebens in Übereinstimmung zu bringen?

BRING DEIN LEBEN IN ÜBEREINSTIMMUNG

Um richtig gut zu gedeihen (Wir sollen alle gedeihen!), müssen wir unser Leben in Übereinstimmung bringen, damit alle Teile in harmonischer Schwingung fließen. Wenn alles übereinstimmt, ist alles in unserem Leben im Fluss. Ist nicht alles miteinander im Einklang, haben wir das Gefühl, dass irgendetwas nicht stimmt. Wenn du das Gesetz der Anziehung kennst, weißt du, dass du dem, was du anziehen willst, auf der Schwingungsebene authentisch entsprechen musst. Nur so ziehst du an, was du dir wünschst. Ein Radio, das auf die falsche Frequenz eingestellt ist, kann auch nicht die neuesten Indie-Songs empfangen, sondern sendet stattdessen nur eine langweilige Talkshow.

Jemand, der völlig im Einklang ist, hat seine Energie, seine Gedanken, seine Handlungen und seine Worte auf Schwingungsebene in Übereinstimmung damit gebracht, was er anziehen möchte. Das heißt, es geht nicht darum, dir zu wünschen, »irgendwann« etwas Bestimmtes zu sein. Es geht vielmehr darum, deine Gedanken, deine Handlungen, deine Energie und deine Worte in völlige Harmonie zu bringen, sodass du bereits bist, was du anziehen möchtest. Wenn wir das schaffen, ist es möglich, all das herbeizurufen, was wir uns wünschen. Der Haken dabei ist jedoch, dass wir täglich bewusst etwas dafür tun müssen, um uns in Übereinstimmung mit der gewünschten Sache zu bringen.

Wie ich es schon in »Tu es einfach und leuchte« (Teil III) beschrieben habe, bekam ich erst dann einen Anruf vom Verlag, als meine Schwingungen hundertprozentig dazu passten. Es hat eine Zeit lang gedauert, aber nach und nach habe ich mich auf der Schwingungsebene in Übereinstimmung damit gebracht. Weil meine Gedanken, meine Worte, meine Energie und meine Handlungen hundertprozentig in Einklang miteinander kamen.

Als Erstes kam der Sprung von meinem alten Beruf zu meiner Selbstständigkeit als Intuitionscoach. Als Nächstes schrieb ich jeden Tag ein kleines bisschen und stellte ein Buchexposé zusammen. In diesem Stadium erhielt ich zwei Gelegenheiten, mein Exposé einzureichen. Es ist keine große Überraschung, dass ich keine Rückmeldung bekam: Meine Schwingungen passten einfach noch nicht dazu. Ein wenig entmutigt, raffte ich mein Ego wieder zusammen und verpflichtete mich, jeden Tag etwas zu tun und zu schreiben – genauso, wie ich es als Autorin tun würde. Dann änderte ich meine Gedanken: Ich suchte jetzt nicht mehr nach der Bestätigung einer externen Macht, um mich legitimiert zu fühlen und zu glauben, dass ich es verdient habe.

Zu guter Letzt – das war das Wichtigste – ertappte ich mich dabei, dass es mich mit Freude erfüllte, als ich aus reiner Liebe zum Schreiben schrieb. Ich war nicht mehr auf das Ergebnis fixiert. Plötzlich ging es nur darum, meinem Ruf aus Spaß an der Freude zu folgen.

Ich ging ganz in der Sache auf, die mich zum Leuchten brachte. Monat für Monat kamen meine Gedanken, meine Worte, meine Energie und meine Handlungen in völligen Einklang mit Hay House. Langsam, aber sicher. Einerseits habe ich lange (man könnte sagen: 17 Jahre lang) hart daran gearbeitet, diesen Zustand der Übereinstimmung auf der Schwingungsebene zu erreichen. Andererseits kam er – sobald meine Schwingungen vollständig dazu passten – praktisch mühelos und im Nu!

ARBEITE AN DEINEM LICHT

Was versuchst du, in dein Leben zu rufen oder zu erschaffen?

Stimmen deine Gedanken, deine Worte, deine Energie und deine Handlungen völlig damit überein?

Bist du in allen Bereichen deines Lebens ein und dieselbe Person? (Zum Beispiel in der Arbeit, zu Hause, unter Freunden, gegenüber Fremden?)

SEI EIN JA

Sei ein Ja. Ein vollmundiges, hundertprozentiges, vollkommen überzeugtes Klar-wir-machen-das-auf-alle-Fälle-JA.

Das Universum stümpert nicht mit »vielleicht« oder »irgendwie« oder »ja, aber« herum. Es sind entweder felsenfeste hundert Prozent oder gar nichts.

Wenn wir eine Absicht haben, ist jedes einzelne Ding im Universum entweder in Harmonie oder in Disharmonie damit. Wenn es in Harmonie damit ist, ist es ein hundertprozentiges Ja. Du ziehst es direkt an wie ein Magnet. Es kommt auf dich zu wie eine Möwe, wenn du am Strand eine Tüte Pommes in der Hand hältst. Wenn es nicht ganz hundert Prozent sind, dann wird es sich auch nicht hundertprozentig manifestieren.

Jede Sekunde an jedem Tag strahlen deine Schwingungen deine Jas, Neins und Vielleichts in Form deiner Gedanken und Handlungen aus.

Je klarer du dir darüber wirst, wozu du NA KLAR und wozu du NEIN, BLOSS NICHT sagst, desto mehr JAs werden dir zufliegen und direkt in den Schoß fallen.

ARBEITE AN DEINEM LICHT

Wie kannst du ein stärkeres NA KLAR für die Dinge ausstrahlen, die du in dein Leben rufen willst?
(Das sind gleichzeitig die Dinge, die dich rufen.)

TWITTER-PROFILE UND PLATZPROBLEME

Wir leben in einer Zeit, in der wir das, was wir sind, in 140 Zeichen definieren sollen. Wie viel Zeit ich mit der Bearbeitung meines *Twitter*-Profils vergeudet habe, ist eigentlich ein strafbares Vergehen. Niemand, den ich kenne, kann das, was er »macht« – und das, was er »ist« – in einem Satz erklären.

Es ist unmöglich, in 140 Zeichen zu definieren, wer du bist! Außerdem bist du ein Werk, das niemals abgeschlossen ist und sich ewig weiterentwickelt. 140 Zeichen können dich nicht zusammenfassen. Niemals! Und das ist auch gut so.

Wahrscheinlich hast du schon über 140 Leben gelebt. (Das ist viel Seelengeschichte und viele Seelengaben in einem Gefäß.) Wie könntest du all das in 140 Zeichen quetschen?

Wenn du nicht die richtigen Worte dafür findest, liegt das also nicht unbedingt daran, dass du nicht weißt, wer du bist. Vielleicht liegt es eher daran, dass du weißt, dass du all das und noch viel mehr bist.

Lass deine Schwingungen für dich sprechen.

SCHWINGUNGEN SIND DAS BESTE MARKETINGINSTRUMENT

Deine Schwingungen sind mächtiger als Worte es jemals sein könnten. Mächtiger als alles, was du anhast, sagst oder tust. Mächtiger als die beste Marketingstrategie, der beste Pressesprecher und Publikumsliebling zusammen.

Gleich und gleich gesellt sich gern.

Es spielt keine Rolle, wie sehr jemand mit dir »auf einer Wellenlänge liegt«. Er wird deine Schwingungen von zehn Kilometern Entfernung wahrnehmen und im Bruchteil einer Sekunde ein Urteil über dich fällen, ohne überhaupt darüber nachzudenken.

Schwingungen haben nichts mit Gedanken zu tun. Sie haben ausschließlich mit Gefühlen zu tun. Die Leute beurteilen dich aufgrund dieser Gefühle, und sie müssen dazu nicht auf einer Wellenlänge mit dir liegen. Wir können es vielleicht nicht in Worte fassen, aber wir merken in einer Nanosekunde, ob jemand authentisch ist. Weil seine Energie dann zu seinen Worten passt.

Die beste Online-, Print- und Werbekampagne ist wertlos, wenn sie der Wahrheit der Marke nicht auf der Schwingungsebene entspricht. Wenn deine Worte eines sagen und deine Energie etwas anderes ausdrückt, werden dir die Leute nichts abkaufen. Weder im wörtlichen noch im übertragenen Sinne.

Energie lügt nicht.

Der beste Test, um zu überprüfen, ob deine Worte zu deinen Schwingungen passen: sie laut aussprechen. Wenn du dich durch sie stark und wahrhaftig fühlst, passt beides zusammen. Wenn du dich drehst und windest, geben deine Worte nicht deine authentische Haltung wieder.

Dein Körper kann dir ebenfalls Hinweise geben. Sprich etwas mit lauter Stimme aus und achte darauf, wo du es in deinem Körper spürst. Wo spürst du es, wenn du etwas sagst, was wahr ist? Und wo spürst du es, wenn du etwas sagst, was nicht wahr ist?

TU ES SO,
WIE NUR DU
ES KANNST.

DU© – DEINE AUTHENTISCHE STIMME

Wenn du dich dazu hingezogen fühlst, deine Botschaft durch Schreiben mitzuteilen, ist es ein wichtiger Teil des Prozesses, deinen authentischen Tonfall zu finden.

Meinen ersten Job in der Werbung hatte ich als Texterin. Dann wurde ich Creative Director und leitete Texter-Teams dabei an, den authentischen Tonfall für viele große Marken zu finden. Es kann etwas dauern, bis du deinen echten Tonfall findest. Hier sind ein paar Hilfsmittel.

Sei du©

Du kannst deine authentische Stimme erst finden, wenn du weißt, wer du bist. Dich kennenzulernen, erfordert Zeit. Es funktioniert nicht, zu beobachten, was andere Leute tun, um dann das Gleiche zu machen. Das wird deine eigene Stimme verwässern und nicht mit dem übereinstimmen, wer du bist. Schreib so, wie du sprichst. Schreib so, wie du dich fühlst. Wenn du optimistisch bist, sei optimistisch. Wenn du leidenschaftlich bist, sei leidenschaftlich. Wenn du ein Hippie mit einem Sinn für schwarzen Humor bist, der Pandabären liebt, dann sei der Hippie mit der dunklen Seite, der Pandabären liebt. Sei du©.

Schreib aus deiner Seele heraus

Schreib nicht das, was du deiner Ansicht nach schreiben solltest. Schreib das, was deine Seele mitteilen will. Wenn ich aus meiner Seele heraus schreibe, schreibe ich ganz anders, als wenn ich aus dem Kopf heraus schreibe. Die Worte fliegen mir einfach zu und fühlen sich tiefer und *gehaltvoller* an. Mein Tempo ändert sich; es fühlt sich leidenschaftlich und frei an. Manchmal schreibe ich etwas, überfliege es und denke mir: Wow, das ist wirklich schön. Mein Kopf hätte es sich gar nicht so ausgedacht haben können, auch wenn ich es noch so sehr versucht hätte. Dann weiß ich, dass das Geschriebene durch mich hindurchgeflossen ist. Es kommt nicht von mir. Wenn ich aus meinem Kopf heraus schreibe, kostet es mich viel mehr Mühe und ist nicht so authentisch. Es fühlt sich durchdacht und steif an. Niemand will so etwas lesen! Bevor du dich zum Schreiben hinsetzt, leg dir die Hand auf das Herz, atme tief durch und hör, was deine Seele dir zu sagen hat.

Fang an zu reden

Der einzige Weg, deine Stimme zu finden, ist, dass du anfängst zu reden. Dazu gehört auch, dass man ab und zu einmal falsch liegen kann. Als ich Textchefin war, habe ich mir immer mindestens 20 Überschriften angesehen, um die *eine* zu finden. Deine Stimme zu finden ist ein Prozess. Wir sind Wesen mit vielen Facetten, daher können wir beim Schreiben verschiedene Richtungen einschlagen. Du musst gewillt sein, auch etwas falsch zu machen, um zu wissen, wann du richtig liegst. Etwas falsch zu machen ist genauso wichtig, wie etwas richtig zu machen.

Schreib an dich selbst

Wenn du nicht weißt, was du sagen sollst, schreib das, was du selbst am meisten hören musst. Es wird bei deinem Stamm Widerhall finden, weil er mit deiner Botschaft im Einklang steht. Mit ziemlicher Wahrscheinlichkeit werden die Botschaften, die deine Seele für dich hat, auch bei den anderen Angehörigen deines Stammes eine Saite zum Klingen bringen. Du brauchst es nicht allzu kompliziert zu machen. Lese die »Briefe an dein Selbst« (in Teil V). Dort findest du nähere Informationen.

Hab keine Angst, etwas falsch zu machen

Du kannst deine ureigene Stimme nicht finden, ohne dabei auch einmal etwas falsch zu machen. Sei gewillt, was auszuprobieren, um in den Fluss zu kommen. Du wirst es wissen, wenn du deinen authentischen Tonfall gefunden hast, weil er in dir widerklingt. Vielleicht spürst du, wie sich dein Herz erwärmt und dein ganzer Körper sich ausdehnt und leichter wird. Wenn dein Tonfall nicht damit übereinstimmt, wer du bist, könntest du ein Brennen in deinem Bauch verspüren.

Teil deine Botschaft mit, anstatt dich zu vergleichen

Vergleich dich nicht mit anderen, die schon jahrelang schreiben. Überstürz nichts. Bleib dir treu. Sei du selbst. Manchmal kommen Ideen und Sätze, die geboren werden sollen, durch verschiedene Schriftsteller in die Welt. Es ist schwer, damit fertigzuwerden, wenn du viel Zeit hineingesteckt hat, sie zu schreiben. Wenn die Texte von jemand anderem deinen ähneln, solltest du überprüfen, ob du deine wirklich authentisch aus dir selbst heraus geschaffen hast. (Und nicht, weil du seine Feeds in den sozialen Medien liest.) Tu dein Bestes, um dein eigenes Ding zu machen, und bitte deine Seele um Führung.

Schreib nicht für Likes

Lass dich nicht entmutigen, wenn niemand auf »Gefällt mir« klickt oder tolle Kritiken über das verfasst, was du geschrieben hast. Du kannst nicht wissen, wie viele Herzen du damit berührt hast. Tu es einfach und vertrau darauf, dass die Botschaft, die du hast, von den Menschen gelesen wird, die ihrer am meisten bedürfen.

Mitteilen versus verkaufen

Schreib nicht, um etwas zu verkaufen. Schreib, um etwas mitzuteilen. Wenn du deine Botschaft auf Facebook teilst, konkurriert sie dort mit den Dingen, die andere Leute in ihrer Chronik posten. Teil etwas mit, was für deine Leser von Nutzen ist, nicht für dich.

Ich habe vor einiger Zeit etwas gelesen (kann mich aber nicht mehr erinnern, wer es gepostet hat), das mir im Gedächtnis geblieben ist. Es lautete etwa so:

»Ich teile nichts mit, um etwas zu lehren oder andere zu überzeugen. Ich teile etwas mit, damit sich Menschen, die sich so fühlen wie ich, nicht mehr so allein fühlen.«

Das finde ich toll.

Genau darum lassen wir andere an unserer Geschichte, unserer Botschaft und unserer Seele teilhaben.

Amen.

DU© – DEIN AUTHENTISCHER VISUELLER STIL

Wenn du dein Licht leuchten lassen willst, gehört dazu auch, es auf eine Art auszudrücken, die visuell mit dem übereinstimmt, wer du bist.

Du lässt dein Licht am weitesten leuchten, wenn du alles in einer Form tust, die vollkommen authentisch für dich ist. Eine tolle Möglichkeit, deine visuelle Handschrift auszuloten, ist eine Pinnwand. Ich lasse jeden, der bei mir ein *Work Your Light*-Mentorenprogramm oder einen Onlinekurs macht, eine persönliche Marken-Pinnwand auf *www.pinterest.com* anlegen. Du kannst sie öffentlich machen oder privat halten. Du kannst ihr sogar einen Namen geben, zum Beispiel Amy©.

Es gibt keine Regeln dafür, was du alles an deine Pinnwand heftest, aber vielleicht findest du die folgenden Tipps für den Anfang hilfreich.

Wähle Dinge, bei denen dir das Herz aufgeht

Analysiere nicht, warum du etwas aufhängst, sondern hänge einfach auf, was dir das Herz aufgehen lässt. Hänge alles auf, was ein JA ist, und übergehe alles, was ein NEIN ist.

Finde deinen eigenen Stil

Deine Marke soll ein unverwechselbarer Ausdruck deiner selbst sein, nicht eine zweitklassige Version von jemand anderem. Beleidige nicht deine Authentizität, indem du dir die visuelle Handschrift eines anderen »borgst«. Lass dich von deinem inneren Kompass leiten. Solche Dinge brauchen Zeit, also lass sie sich entwickeln. Lass dir von deinem inneren Licht den Weg zeigen.

Fühl dich nicht schuldig

Wenn du das Gefühl hast, dass dies alles Zeitverschwendung ist oder du wichtigere Dinge zu tun hast, dann schüttle diese schlechten Gedanken ab.

Achte auf bestimmte Richtungen

Nach einiger Zeit (einem Monat, ein paar Wochen) solltest du deine Pinnwand als Ganzes betrachten. Du wirst bemerken, dass sich ein paar Richtungen herauskristallisieren. Bestimmte Farben, Fotostile oder Schrifttypen treten hervor, und eine bestimmte Einstellung scheint durch. All diese Dinge sind unbezahlbar, wenn es darum geht, deinen eigenen, authentischen visuellen Ausdruck zu finden. Lösche die Dinge, die in dir nicht so viel zum Klingen bringen, und behalte die anderen. Du willst zu einem durchgängigen Stil finden, der einzigartig ist und dich repräsentiert.

Arbeite mit Grafikdesignern

Wenn du an irgendeinem Punkt mit einem Grafikdesigner zusammenarbeiten möchtest, um eine Website für dich zu erstellen, ist ein *Brand Board*, eine Marken-Pinnwand, unabdingbar. Es gibt *so* viele Websites, die vollkommen gleich aussehen. Einer der Gründe dafür ist, dass man sich vorher nicht genug Gedanken über die Einzigartigkeit der Marke gemacht hat. Man gab der Werbeagentur einfach die Anweisung: »Machen Sie es wie [Name einer Website einfügen] oder [Name einer Website einfügen].«

Einen Grafikdesigner zu briefen, ist nicht einfach, weil Menschen auf visuelle Dinge subjektiv reagieren. Und wenn man als Grafikdesigner von jemandem gebrieft wird, der nicht weiß, was er will, dann entwirft man praktisch blind drauflos. Es ist *unmöglich*, etwas Visuelles objektiv zu beschreiben.

Ich habe schon mit vielen Grafikdesignern zusammengearbeitet und kann nicht oft genug betonen, wie wichtig es ist, eine klare und einzigartige visuelle Richtung zu etablieren, bevor man sich daranmacht, eine Website zu gestalten. Für den Umschlag meines Buchs habe ich zwei

Tage lang *Mood Boards* mit allen möglichen visuellen Richtungen zusammengestellt, um den Grafikdesigner richtig briefen zu können.

Wenn du die grundlegende Vorarbeit gemacht hast, wenn du weißt, wer du bist und welche Art von visuellen Dingen dich anspricht, bist du auf dem besten Weg, dein Licht auf visuell authentische Weise leuchten zu lassen.

Du bist ein Werk, das nie abgeschlossen ist

Sei offen dafür, deine visuelle Handschrift stets weiterzuentwickeln, während du dich als Mensch weiterentwickelst. Dein Stil sollte immer in deiner Persönlichkeit wurzeln. Doch während du wächst, sollte dein Design mit dir wachsen. Genau das sorgt dafür, dass es unmöglich nachzuahmen ist.

ARBEITE AN DEINEM LICHT

Wenn du noch keinen Pinterest-Account hast, melde dich dort an und erstell eine Pinnwand. Ich empfehle dir, einen Monat lang zehn Minuten täglich daran zu arbeiten, bis sich ein schöner visueller Stil herauszukristallisieren beginnt. Falls du zusätzliche Anleitung brauchst, um deine einzigartige Marke zu entwickeln, biete ich Mentoring und Onlinekurse an. Sie werden dir dabei helfen, dein Licht auf superauthentische Weise leuchten zu lassen.

Δ

ES GEHT NICHT UM DICH

Dein Leben in den Dienst einer Sache zu stellen bedeutet, das zu tun, was du tun willst – und dein Licht leuchten zu lassen, ganz gleich, was die Leute denken. Wenn du dein Licht dimmst, weil du dich unzulänglich fühlst, erweist du der Welt einen schlechten Dienst. Sobald du dein Drama, deine Angst oder dein Selbstbild einbringst, dreht es sich um dich. Es geht aber nicht um dich.

Das habe ich vor Kurzem eindringlich erfahren. Ich bin Teil einer *Six-Sensory-Mastermind*-Gruppe von sechs Intuitiven aus der ganzen Welt (siehe Empfehlungen). Bei einer unserer *Skype*-Konferenzen sagte eine von ihnen neulich: »Rebecca war heute ziemlich still – Rebecca, was ist los?« (Manchmal ist es etwas lästig, Intuitive als Freunde zu haben!)

Ich sagte zu ihnen: »Ich weiß, es ist albern, aber ich bin total nervös und zweifle an mir selbst, weil alle anderen Redner viel mehr Erfahrung haben als ich.«

Monika antworte darauf liebevoll, aber bestimmt: »Es klingt, als ob hier Rebeccas Ego spricht. Es hat Angst davor, wie Rebecca aufgenommen wird. Dabei geht sie das doch gar nichts an. Sie muss darauf vertrauen, dass die Leute, die sie gebucht haben, glauben, dass das, was sie anzubieten hat, genau das ist, was die Teilnehmer hören müssen. Sie muss sich selbst aus dem Weg gehen und aufhören, sich in den Mittelpunkt zu stellen.«

Alle stimmten ihr zu. Mich eingeschlossen.

Mein Ego kam mir in die Quere. Meine Angst, nicht gut genug zu sein, hielt mich davon ab, es einfach zu tun und, so gut ich konnte, zu Diensten zu sein. Ich verplemperte wertvolle Zeit damit, mir Sorgen zu machen, die ich besser dazu genutzt hätte, um mich vorzubereiten. Und wäre ich in einem Zustand der Angst auf die Bühne getreten, hätte ich den Zuhörern nicht mein bestes, präsentestes Selbst gezeigt. Ich hörte die Botschaft laut und deutlich:

Es geht überhaupt nicht um mich!

Als ich damit anfing, intuitive Lesungen und Coachings anzubieten, machte ich das Gleiche. Ich suchte bei meinen Klienten nach der Bestätigung, dass ich richtig lag. Dass die Informationen, die ich empfing, etwas in ihnen zum Klingen brachten und ihnen weiterhalfen. Jetzt weiß ich, dass es bei meinem Job eher darum geht, für jemanden da zu sein – und dabei so präsent zu sein, wie es mir nur möglich ist. Ich vertraue darauf, dass ich das Vehikel bin, durch welches das Universum arbeitet. Und dass die Worte, die ich sage, genau die sind, die der andere hören muss.

Wie die Leute dich aufnehmen, geht dich nichts an. Du hast eine einzigartige Kombination von Gaben, Lebenserfahrungen und Leidenschaften mitbekommen. Deine einzige Aufgabe ist es, andere daran teilhaben zu lassen. Welcher Erfahrung du auch gerade gegenüberstehst:

Du bist bereit dafür!

Die Erfahrung wäre dir nicht ermöglicht worden, wenn du nicht bereit dafür wärst. Du hast es verdient, hier zu sein. Egal, wie nervös oder unvorbereitet du dich fühlst, halte durch und lass dein Licht trotzdem leuchten. Die Welt braucht dein Licht.

Das bedeutet nicht, dass es keine Zweifel gibt. Zweifel und Ängste sind normal und menschlich. Gestehe dir deine Ängste ein. Meine Lehrer haben mir beigebracht, dass das beste Heilmittel gegen Angst ist, sie laut auszusprechen. Das macht das, wovor man sich fürchtet, etwas weniger furchteinflößend.

ARBEITE AN DEINEM LICHT

Kommt dir deine Angst in die Quere, wenn es darum geht, in dein größtes Selbst einzutreten?

△

DU BIST NICHT FÜR JEDEN ETWAS

Die Welt ist voller Menschen, die dich schlichtweg nicht leiden können, ganz egal, was du machst. Aber sie ist auch voller Menschen, die dich richtig gern haben. Das sind deine Leute. Du bist nicht für jeden etwas, und das ist okay. Sprich zu den Menschen, die dich hören können.

Verschwende deine kostbare Zeit und deine wertvollen Gaben nicht damit, andere von deinem Wert zu überzeugen. Sie werden nie haben wollen, was du verkaufst. Überrede sie nicht, neben dir herzulaufen. Du verschwendest sowohl deine Zeit als auch ihre. Das wird dir unnötige Verletzungen zufügen, die kostbare Zeit brauchen, um zu heilen. Du bist nichts für sie und sie sind nichts für dich. Winke sie höflich durch und geh auf deinem Weg weiter. Wenn du deinen Weg mit jemandem teilst, ist das ein heiliges Geschenk. Mindere seinen Wert nicht dadurch, dass du die falsche Richtung einschlägst.

Blick in die richtige Richtung.

△

SEI EINVERSTANDEN MIT DIR SELBST

Sei einverstanden mit dir selbst. Und mit allem, was du jetzt gerade bist – gerade den Teilen, an denen du noch arbeitest. Die Menschen, die du anführen sollst, sind nur ein paar Schritte hinter dir. Du brauchst noch gar nicht alles geordnet zu haben oder ein absoluter Experte zu sein …

Es ist unsere Menschlichkeit, die andere wirklich berührt, nicht unsere vermeintliche Übermenschlichkeit.

Wenn wir uns auf die Reise unserer spirituellen Erweckung begeben, ertappen wir uns oft bei dem Gedanken, dass wir es nun endlich »kapiert« haben. Als ob es ein vorbestimmtes Ziel gäbe, das es zu erreichen gelte. Dabei trifft genau das Gegenteil zu. Je mehr wir wissen, desto weniger wissen wir in Wahrheit.

Du brauchst nicht so zu tun, als ob du bereits alles verstehst. Du musst auch nichts beweisen. Teile einfach mit, was du bisher herausbekommen hast. Wir alle gehen gemeinsam durch die Schule des Lebens. Es gibt kein Endziel, keinen Endpunkt, nur ein höheres Bewusstsein und ein tieferes Verständnis.

Jeder Moment bietet uns die Gelegenheit, mehr über das Leben und uns selbst zu lernen. Wenn wir der Versuchung widerstehen zu sagen »Oh, das weiß ich schon«, öffnen wir eine Tür. Die, durch die das Leben hereinkommen und unsere Seele noch tiefer berühren kann als zuvor.

Wir sind alle ewige Schüler. Ich bin so glücklich, dass ich das vor Kurzem erfahren durfte, und zwar tiefer, als ich es schon wusste. Und ich freue mich darauf, es noch tiefer zu erfahren, als ich es jetzt zu wissen glaube. Manchmal kommen Worte der Wahrheit in die Quere.

Zügle deinen Verstand, und deine Seele wird berührt werden.

Δ

SEI EIN FREIER KANAL FÜR KREATIVITÄT

Wenn du den Energiefluss der Quelle anzapfst, bist du ein freier Kanal, durch den Kreationen kommen können. Wenn du es der Quelle gestattest, durch dich hindurchzufließen, geschieht etwas Wunderbares: Das Licht strömt durch dein echtes Selbst und erschafft auf diese Weise etwas, das niemand anderes hätte erschaffen können. Wie bei Sonnenstrahlen, die durch ein buntes Glasfenster scheinen.

Viele meiner Klienten befürchten, dass das, was sie zu sagen haben, nicht wichtig sei, weil:

1. es schon von jemand anderem gesagt worden ist (der schneller war als sie und es somit bereits etabliert ist);
2. viele andere Menschen etwas Ähnliches erlebt haben (und sie daher nichts Besonderes mehr sind).

Wenn wir dem Licht gestatten, durch das bunte Glasfenster unserer Seele zu scheinen, ziehen unsere Schwingungen, die in unserer Kreation stecken, andere Menschen an.

Wenn es Menschen sind, die ähnliche Erfahrungen gemacht haben wie du, dann ist es noch viel wichtiger, ihnen deine Botschaft mitzuteilen und deine Kreationen zu zeigen. Wenn du den Ruf gehört hast (und ich glaube, den haben wir alle gehört), dann fang jetzt sofort an, etwas zu erschaffen. Verschwende deine Zeit nicht damit, anderen über die Schulter zu blicken. Tu es so, wie nur du es kannst.

ARBEITE AN DEINEM LICHT

Was hält dich davon ab, deine Botschaft oder das, was du erschaffen willst, mutig auszudrücken?

RUF DEINE MUSE AN

Jeder auf diesem Planeten hat die Fähigkeit, kreativ zu sein und Ideen hervorzubringen. Kreativität fließt durch uns hindurch. Wir sind zwar dabei, wenn das Geschaffene entsteht, aber es wird durch eine geheimnisvolle Kraft erzeugt. Auch dieses Buch wurde so geschrieben. Viele Schriftsteller und Künstler geben zu, dass sie ihre Kreationen ebenso hervorbringen. Ich nenne diese kreative Kraft »Muse«.

Die Muse ist immer auf der Suche nach Menschen, die das empfangen können, was darauf wartet, hervorgebracht zu werden. Doch wenn wir nicht jeden Tag etwas tun – oder wenn wir nur dann etwas tun, wenn uns der Sinn danach steht –, geht die Muse zu jemand anderem weiter. Sie ist etwas flatterhaft, was ihre Partner angeht. Das ist nicht persönlich gemeint. Es ist einfach ihre Art.

Die Muse möchte, dass wir unseren Ideen unverzüglich Taten folgen lassen. Wir sind die Vehikel, durch die eine Kreation auf die Welt kommt. Praktisch jedes Mal, wenn ich eine große Idee zu lange hinausgezögert habe, hat sich jemand anderes einen ähnlichen Satz, eine ähnliche Kreation oder eine ähnliche Idee einfallen lassen. Wenn deine Muse zu dir spricht, handle.

Je mehr wir jeden Tag tun, um uns mit unserer Muse in Verbindung zu setzen, desto deutlicher wird die Kommunikation. Und desto müheloser fließt uns das, was wir erschaffen wollen, zu.

Wenn dich eine Muse erwählt, wählt sie dich, weil du das perfekte Vehikel für ihre Botschaft bist. Sie hat es auf dein Dusein abgesehen. Auf deinen einzigartigen kreativen Fingerabdruck – die perfekte Mixtur aus Lebenserfahrung, Erziehung, Herkunft, Umfeld, Körpertyp und Stimme.

ARBEITE AN DEINEM LICHT

Welche Kreationen oder Ideen warten darauf, durch dich hervorgebracht zu werden?

BRIEFE AN DEIN SELBST

»Ein Vogel singt nicht, weil er die Antworten kennt. Er singt, weil er ein Lied kennt.«

MAYA ANGELOU

Als ich mit diesem Buch anfing, riet mir meine Lehrerin Sonia: »Schreib es für deinen interessiertesten Leser … dich.« Ich hatte dies schon Jahre vorher von ihr gehört, als sie erzählte, wie sie selbst ihr erstes Buch geschrieben hatte. Ihre Freundin Julia Cameron hatte ihr geraten, dabei so zu tun, als ob sie jeden Tag einen Brief schriebe. Aber ehrlich gesagt, hatte ich nicht verstanden, wie sie das meinte. Doch dann dämmerte es mir. Es liegt nicht daran, dass ich selbst mein interessiertester Leser bin (weil ich so gerne lese, was ich selbst geschrieben habe), sondern weil ich diese Worte an irgendeinem Punkt in meinem Leben selbst am meisten gebraucht hätte. Heureka!

Jeden Tag, wenn ich mich zum Schreiben hinsetze, tue ich genau das. Es spielt keine Rolle, ob es um ein neues Kapitel für ein Buch geht, ein *Facebook*-Update, einen Tweet, einen Blogeintrag oder ein paar hastige Notizen. Ich lasse zu, dass meine Finger von der Energie geführt werden. Sodass ich aufschreibe, was mein Herz am dringendsten hören muss. Es könnte das sein, was ich heute am meisten brauche. Oder was ich zu einem anderen Zeitpunkt in meinem Leben hätte hören müssen – als ich es am meisten gebraucht hätte, dass man mir den Weg weist, mich beruhigt oder ermutigt.

Wir alle sind durch ein wunderbares Netz goldener Fäden miteinander verwoben. Was dein Herz hören muss, muss auch ein anderes Herz hören.

Wenn du das, was du schreibst, anderen zeigst, dann schreib nicht, um ihnen etwas beizubringen oder sie von etwas zu überzeugen. Schreib, um dein eigenes Herz zu besänftigen. Lass jedes Wort, das durch dich kommt, Medizin für deine Seele sein. Die Menschen, die hören müssen, was du zu sagen hast, werden von deinen Worten, deiner Botschaft, deiner Wahrheit, deinem Lied angezogen. Wenn du es deinem weiseren Du gestattest, an dich selbst zu schreiben, dann räumst du dadurch deinen Kopf aus dem Weg. Lass einfach dein weises, höheres Selbst das Ruder übernehmen.

Schreib, um dich selbst zu heilen. Denn wenn wir uns selbst heilen, heilen wir damit zwangsläufig auch die Welt im Ganzen.

ARBEITE AN DEINEM LICHT

Schreib deinen eigenen Brief an dein Selbst. Nimm ein leeres Blatt Papier und schreib als Anrede: »Liebe(r) [füge deinen Namen ein]«.

Füll das Blatt mit den Worten, die du am meisten hören musst. Vielleicht sind es die Worte, die du heute brauchst. Vielleicht sind es die Worte, die du vor fünf, zehn oder sogar 20 Jahren gebraucht hättest. Lass sie einfach kommen, ohne sie zu werten.

Wenn du dich durch das, was du geschrieben hast, inspiriert fühlst, möchtest du deine Worte vielleicht auf Facebook, in einem Blog oder irgendwo anders mit anderen teilen.
Mach's dort, wo es
sich richtig anfühlt.

Wir gehen alle gemeinsam durch diese Erfahrung, die wir Leben nennen. Was für dich heilsam ist, wird vermutlich auch für jemand anderen heilsam sein. Diene der Welt, indem du DU bist.

DIE STIMME DEINER SEELE

»Der Planet braucht den einzigartigen Klang deiner Seele, um Harmonie zu erzeugen.«

SERA BEAK

Wir alle tragen tief in uns eine Wahrheit, die ausgedrückt werden will. Da sie in vielen Leben geformt wurde, gleicht die Stimme deiner Seele keiner anderen. Sie trägt in sich eine Weisheit, die nur durch das Wachstum der Seele gewonnen werden kann. Indem wir uns an diesen einzigartigen Klang erinnern, ihn nutzen und ausdrücken, heilen wir nicht nur uns selbst, sondern auch den Planeten. Die Welt hat es in der Tat bitter nötig, in Harmonie gebracht zu werden.

Die Stimme unserer Seele unterscheidet sich leicht von der Stimme, mit der wir normalerweise sprechen. Es kann viel Mut erfordern, sie zu finden und die Welt daran teilhaben zu lassen.

Die Stimme meiner Seele kommt am stärksten durch, wenn ich schreibe. Sie ist tief und weise, mitfühlend und mütterlich, mutig und wissend, versteinert und wild. Sie ist das Resultat davon, dass ich schon in vielen Leben meine Stimme erhoben habe und zum Schweigen gebracht wurde. Das Resultat von vernichtendem Kummer und absoluter Hingabe.

Wenn ich mir etwas von der Seele schreibe, wechselt meine ganze Energie, mein Schreibstil verändert sich leicht, und ich habe das Gefühl, von einer leichten Strömung in einem tiefen, warmen Ozean erfasst zu werden.

Während wir die Schichten unserer Persönlichkeit abschälen und unsere Seele durch uns sprechen lassen, entdecken wir, dass wir tatsächlich eine deutliche Botschaft haben, die mitgeteilt werden will. Je mehr wir sie aussprechen, desto deutlicher wird sie. Es erfordert aber meistens viel Mut, anderen die Botschaft mitzuteilen, die unsere Seele so gerne aussprechen möchte.

Obwohl ich es schon in sehr jungen Jahren wusste, dass es meine Berufung war zu schreiben, zu lehren und Vorträge zu halten, war ich allein bei der Vorstellung davon wie gelähmt vor Schreck. Ich wusste, dass meine Seele viel Weises mitzuteilen hatte, aber ich habe ständig nach Entschuldigungen gesucht, weshalb ich noch nicht bereit dafür sei vorzutreten. Als ich jung war, begründete ich es vermeintlich vernünftig damit, dass ich noch keine Lebenserfahrung hatte, die ich an andere weitergeben konnte. Sobald ich extreme Erfahrungen gemacht hatte, argumentierte ich, dass ich es noch auf eine andere Art lernen müsste, bevor ich mich bereit fühlen würde. Ich sah andere Leute diesen Weg gehen und wusste, dass er dem ähnelte, der für mich vorgesehen war. Aber mich lähmte eine schreckliche Angst, die ich nicht abschütteln konnte. Es war keine normale Scheu. Es fühlte sich an, als würde ich mein Leben aufs Spiel setzen, wenn ich die Wahrheit sagen würde.

Eines Tages, bevor ich an einem Wochenend-Workshop teilnahm, betete ich zum Universum, dass es mich endgültig von meiner Angst erlösen möge. Natürlich bat mich meine Lehrerin Sonia gleich am ersten Tag nach vorn, um mit mir daran zu arbeiten, meine alten energetischen Muster aus früheren Leben aufzulösen. Unterstützt von den anderen Kursteilnehmern reiste ich von Leben zu Leben. Immer wieder war ich verraten und getötet worden, weil ich meine Wahrheit kundgetan hatte. Als Gelehrter im antiken Griechenland, als Hexe im Mittelalter, als Essäer zu Lebzeiten von Jesus Christus, als Priester in Frankreich, als Mystikerin im Alten Ägypten.

Leben um Leben kam zu mir zurück, und meine Seele zeigte mir, warum es mir so viel Schmerz bereitete, vorzutreten und das Wort zu ergreifen. Unter der Anleitung von Sonia und einer schamanischen Heilerin ließ ich es zu, dass ich mich an den ganzen Schmerz erinnerte und ihm durch meine Tränen und meine Stimme freien Lauf ließ. Ich schluchzte heftiger als je zuvor in meinem Leben und übergab die Trauer, die Wut, den Verrat und den Schmerz an das Licht.

Als ich diesen starken Kummer anzapfte, konnte ich endlich verstehen, warum es mir solche Angst machte vorzutreten. Wenn ich heute Angst habe zu sprechen, denke ich an die vielen mutigen Männer und Frauen, in denen meine Seele schon inkarniert war. Ich fühle dann, wie sie mir zur Seite stehen. Ich sehe, wie alle diese Leben zu dem Leben geführt haben, das ich jetzt lebe. Und wie glücklich ich mich schätzen kann, in einer Zeit zu leben, in der es leichter ist, aufzustehen als je zuvor.

Meine Seele erinnert sich an die Schmerzen in der Vergangenheit, doch ich entscheide mich dafür, dadurch nur stärker zu werden. Ich gestatte es all diesen Erfahrungen, beim Schreiben hervorzukommen. Und ich danke all diesen fantastischen Männern und Frauen dafür, dass sie immer wieder aufgestanden sind. Wenn es dir schwerfällt, vorzutreten und die Wahrheit deiner Seele auszusprechen, erinnert sich deine Seele wahrscheinlich daran, dass sie in der Vergangenheit dafür zurückgewiesen wurde.

Es gab nie eine bessere Zeit in der Geschichte als jetzt, um emporzusteigen und anderen deine Wahrheit mitzuteilen. Sie wird nicht nur gebraucht, sie ist unbedingt notwendig. Falls du Angst davor hast, deine Stimme zu erheben, sollst du wissen, dass es dir nicht allein so geht. Doch wie Sera Beak es so wunderbar gesagt hat: »Die Welt braucht deinen Klang, um Harmonie zu erzeugen.« Während wir einer nach dem anderen emporsteigen, machen wir es leichter für den Nächsten, es uns gleichzutun.

ARBEITE AN DEINEM LICHT

Welche Angst hält dich davon ab, andere deine Stimme hören zu lassen? Was steckt hinter dieser Angst? Wie unterscheidet sich die Stimme deiner Seele von deiner normalen Sprechstimme?

SPRICH LAUTER, ICH KANN DICH NICHT HÖREN

Sprich lauter. Ich kann dich nicht hören.

Ich will wissen, wie sehr wir uns ähneln,
und dass ich eigentlich gar nicht allein bin.

Sprich lauter. Ich kann dich nicht hören.

Ich will von deiner Stimme berührt und von
deinen Schwingungen emporgezogen werden.

Sprich lauter. Ich kann dich nicht hören.

Ich will hören, wie du gekämpft hast und wie du es
trotz allem geschafft hast emporzusteigen.

Sprich lauter. Ich kann dich nicht hören.

Ich möchte mich von deiner Reise inspirieren und daran
erinnern lassen, dass auch ich vielleicht bald leuchten kann.

Sprich lauter. Ich kann dich nicht hören.

RICHTE ANDERE AUF, STATT SIE NIEDERZUMÄHEN

»Vergleich ist eine Gewalttat gegen das Selbst.«

IYANLA VANZANT

Richte andere auf, statt sie niederzumähen.

Es ist ein Zeichen wahren Erfolgs, wenn sich jemand daran erfreut, die Menschen in seinem Umfeld aufzurichten. Lasst uns alle gemeinsam emporsteigen. Ermutigen wir uns gegenseitig, anstatt miteinander zu konkurrieren.

Wenn eine Frau ihr Licht leuchten lässt, erleuchtet sie den Weg für die Frau, die nach ihr kommt. Es sind immer noch genug schlafende Menschen da, die wir mit unserem Licht aufwecken können. Wenn das nächste Mal jemand aufsteht, lass dein Licht über ihm leuchten.

Du wirst dadurch nur umso heller strahlen.

ARBEITE AN DEINEM LICHT

Mit wem in deinem Leben glaubst du zu konkurrieren?
Was steckt hinter diesem Konkurrenzdenken?

WENN DU MIT JEMANDEM KONKURRIERST …

Die Frau, auf die du eifersüchtig, neidisch bist, die alles hat, was du willst.

Sie ist du, und du bist sie. Und ihr beide tut euer Bestes.

Das Mädchen, mit dem du konkurrierst, das dich in Rage bringt, das es nicht so sehr verdient hat wie du.

Sie ist du, und du bist sie. Und ihr beide tut euer Bestes.

Die Tussi, die dir auf den Geist geht, die dir zuvorgekommen ist, die das macht, was du vorgehabt hast, und jetzt ist es zu spät.

Sie ist du, und du bist sie. Und ihr beide tut euer Bestes.

Die Lady, die Glück gehabt hat und auf die Füße gefallen ist.

Sie ist du, und du bist sie. Und ihr beide tut euer Bestes.

Die Schwester, die mutig ihrer Berufung gefolgt ist und jetzt tapfer ihr Licht leuchten lässt.

Sie ist du, und du bist sie. Und ihr beide tut euer Bestes.

Wenn du ihnen aufmerksam in die Augen blickst, siehst du, wie sich dein eigenes Licht darin spiegelt.

Denn sie sind du, und du bist sie. Und ihr tut alle einfach nur euer Bestes.

MANTRA

Ich beschließe, mich nicht mit anderen zu vergleichen. Ich tue einfach, wozu meine Seele mich aufruft. Ich lasse das Universum durch mich arbeiten, denn ich weiß, dass das, was ich zu bieten habe, genug ist.

SEI EIN ERMUTIGER

Sei ein Ermutiger, kein Entmutiger.

Einer, der das Beste für andere will
und mit ihnen feiert, wenn sie gewinnen.

Sei ein Ermutiger, kein Entmutiger.

Einer, der das Licht in den Menschen um sich
herum sieht und sie daran erinnert, wenn sie scheitern.

Sei ein Ermutiger, kein Entmutiger.

Einer, der sich seine eifersüchtigen Gedanken eingesteht,
aber beschließt, sie durch andere zu ersetzen.

Sei ein Ermutiger, kein Entmutiger.

Einer, der zugibt, wenn er niedergeschlagen ist,
aber andere nicht mit sich herunterzieht.

Sei ein Ermutiger, kein Entmutiger.

Einer, der sich daran erinnert, dass
wir letztlich alle im gleichen Team sind.

△

ES IST GENUG PLATZ FÜR ALLE DA

Es ist genug Platz für alle da. Deine spezielle Wundertüte mit deinen Gaben, Geschichten, Kämpfen, Siegen, Energien und Techniken gleicht keiner anderen. Dein Aussehen, die Stadt, aus der du kommst, deine Stimme, deine Körpergröße, dein Lächeln …

Nimm all das an und verändere es nicht. Es ist genug Platz für alle da.

Im Zeitalter der sozialen Medien betrachtet man Menschen, die einen ähnlichen Weg gehen, leicht als Konkurrenz. Lass nicht zu, dass dein Ego diese anderen Personen als von dir getrennt wahrnimmt. Wir sind letztlich alle im selben Team. Es gibt keinen Grund, miteinander zu konkurrieren.

Es ist genug Platz für alle da.

DEINE SEELE
HAT ETWAS ZU SAGEN.

Δ

DIE ENTMYSTIFIZIERUNG DER MYSTIKERIN

Die alten Ägypter glaubten, dass wir 320 Sinne haben, die alle mit den Organen unseres Körpers in Verbindung stehen. (Das stimmt mit dem Konzept der Chakren überein, siehe Teil IV.) Wir mögen in technischer Hinsicht fortschrittlicher sein als die Menschen der Antike, doch wir sind spirituell nicht so erwacht, wie sie es waren.

Unser weiser sechster Sinn ist nicht allein Mystikerinnen und Hellseherinnen vorbehalten, er steht uns allen zur Verfügung. Wir müssen nur in uns hineinhören. Die Mystikerinnen wussten das. Andere an diesem Wissen teilhaben zu lassen, lag jedoch nicht im Interesse mächtiger Leute, die die breite Masse zu kontrollieren versuchten.

Während wir uns aus dem Schatten des patriarchalischen Systems hinausbewegen – in dem Macht und Kontrolle an erster Stelle stehen –, wird Licht auf den weiblichen Archetyp der Mystikerin geworfen, der die Verkörperung des göttlich Weiblichen ist. Ich bin Sie. Du bist Sie. Wir alle sind Sie. Sie war die Großmutter unserer Großmutter, die Großmutter der Großmutter unserer Großmutter. Sie war alle Frauen, die sich geweigert haben, nicht weiter emporzusteigen. Und auch alle Männer.

Wenn wir alle unseres intuitiven Wesens gewahr würden, unserer inneren Stärke und unserer authentischen Magie, wäre die Welt ganz anders. Doch es geschieht, langsam aber sicher, und du gehörst zu den Vorreitern.

Während immer mehr von uns zu unserer inneren Weisheit und unserer wahren Kraft emporsteigen, nehmen wir die authentische Magie an, die uns innewohnt. Wir befinden uns in einer Ära, in der es sicher für uns ist, so hell und stark zu leuchten, wie es nur menschenmöglich ist. Einer Ära, in der genug Platz für uns alle da ist, um dem Ruf unserer

Seele zu folgen und unsere Gaben frei auszudrücken. Einer Ära, in der wir alle erwacht sind und bewusst leben.

Ich wünsche mir, dass wir alle den Mut finden voranzugehen. Dass wir weiter emporsteigen, ohne Rücksicht auf Leute, die denken, wir würden übertreiben. Jetzt ist die Zeit, für die wir so lange emporgestiegen sind. Jahrhundertelang, für diesen Moment.

Das göttlich Weibliche steckt in uns allen.
Und Sie ist bereit emporzusteigen.

△

DIE MYSTIKERIN STEIGT IMMER WEITER EMPOR

Während sie ihre Seele für sich singen ließ, ließ sie die zum Schweigen gebrachten Geschosse der Wahrheit los. Diese hatten sich in vielen Leben angesammelt und waren in den tiefsten Höhlen ihrer Seele vergraben. Eine Stimme, die jahrhundertelang ausgelöscht war, weil sie zu viel gesagt hatte, sich zu oft erhoben hatte, zu viel gewesen war.

Ihre Intuition und ihre Größe waren jahrhundertelang unterdrückt, aber jetzt nicht mehr. Sie konnte nicht länger weggesperrt, zum Schweigen gebracht oder erstickt werden. Jetzt nicht. Nie wieder.

Während sie sich von ihrem Geist bewegen ließ, tanzte sie direkt durch die Flammen. Groll, Wut und Erinnerungen, mit jeder lodernden Zuckung, jedem Wiegen und jedem Tritt ausgestampft. Eine ihrer Schwestern, die sie aus der Entfernung spürte, schloss sich ihr an. Sie kannte diesen Tanz auswendig.

Die Bewegung schuf Raum für ihre Tränen, die stärker flossen als alle Flüsse und Seen aller Zeiten. Sie kühlten und linderten das Brennen, das einst ihr gesamtes Wesen umfing. Ihren ganzen Körper. Alle ihre Körper. Alle Körper der anderen. Alle unsere Körper.

Sie wird es nie vergessen. Aber sie wird immer weiter emporsteigen, so wie sie es vorgehabt hat. So wie wir es vorgehabt haben. Immer weiter und weiter und weiter und weiter. Sie wird aufrechter dastehen als alle Schwestern, die vorher gekommen sind und die wieder kommen werden. Die Mystikerin steigt immer weiter empor.

△

DEIN HERZ IST DEHNBAR

Dein Herz ist dehnbar. Es kann wachsen und sich ausdehnen, je nachdem, wie viel du zu empfangen bereit bist. Es kann sich weiten und von der unbegrenzten Liebe und Unterstützung erfüllt werden, die durch das Universum strömen.

Wenn du wirkliche Abgründe in deinem Leben kennengelernt hast, hast du eines gelernt: Genau, wenn du denkst, dass es nicht mehr schlimmer kommen kann, geschieht es manchmal doch. Aber das gilt genauso für das Gute. Die einzige Begrenzung, wie viel Gutes du empfangen kannst, ist deine Auffassung davon, wie viel Gutes du empfangen kannst. Dein Herz ist dehnbar, und dein Fassungsvermögen für Freude ist genauso groß, wie *du* es willst. Und das ist viel. Tatsächlich ist es grenzenlos. Also: Wie viel Gutes kannst du bewältigen?

MANTRA

Jeden Augenblick an jedem Tag erwarte ich,
dass etwas Gutes passiert, und heiße es willkommen.

LASS DICH VOM UNIVERSUM UNTERSTÜTZEN

Das Universum wird dich so sehr unterstützen, wie *du* es zulässt.

Viele meiner Klienten, die zu mir als Lichtarbeiterin kommen, haben eine Blockade, wenn es darum geht, mit ihrer Seelenarbeit richtig viel Geld zu verdienen, ganz besonders die Heiler. (Man muss aber kein Heiler sein, um Lichtarbeiter zu sein.) Als ob es nicht fair wäre, echten Wohlstand dafür zu ernten, dass man Liebe gibt, sein Licht leuchten lässt und sein Leben in den Dienst einer Sache stellt. Da bin ich ganz anderer Meinung.

Sein Leben etwas Größerem zu widmen, ist keine kleine Leistung. Du brauchst viele Dinge, um deine Arbeit tun zu können. Du hast es verdient, dabei unterstützt zu werden. Im Moment verbringe ich den größten Teil meiner Zeit damit, zu schreiben und mit meinen Klienten zu arbeiten. Ich lese für sie in der Akasha-Chronik und betreue sie als Mentorin.

Um meinen Klienten zu Diensten zu sein, muss ich gut essen, meditieren, mich ausruhen und in meine Weiterbildung investieren. Wenn ich mehr als vier Klienten pro Tag habe, erschöpft sich meine Energie, denn die Arbeit in den Gefilden des Subtilen kann ziemlich ermüdend sein. Ich bin nicht überempfindlich oder arbeitsscheu – wenn überhaupt, arbeite ich zu viel. Aber ich habe festgestellt, dass ich anderen nicht optimal zu Diensten sein kann, wenn ich nicht auf meinen Körper höre.

Die Arbeit, zu der du berufen bist, ist unbezahlbar. Daher sollten Menschen, die beschließen, ihrer höchsten Berufung zu folgen und ihr Leben in den Dienst einer Sache zu stellen, reichlich belohnt werden. Und das wirst du auch, wenn du es nur zulässt.

MANTRA

Ich kümmere mich nicht um das Ergebnis. Ich lasse mich vom Universum unterstützen. So, wie ich es mir niemals hätte vorstellen können.

△

AUSDEHNUNG UND UNENDLICHES WACHSTUM

»Was ist der Unterschied zwischen deiner
Lebenserfahrung und jener eines Heiligen?
Der Heilige weiß, dass der spirituelle Weg
ein vollendetes Schachspiel mit Gott ist.
Und dass der Geliebte gerade einen so fantastischen
Zug gemacht hat, dass der Heilige
nun ständig taumelt vor Freude, in Lachen
ausbricht und sagt: ‚Ich gebe auf!'
Du hingegen, mein Liebes, denkst leider immer noch,
dir stünden tausend folgenschwere Züge bevor.«

HAFIZ

Wir alle durchlaufen gemeinsam die irdische Schule des Lebens. Das Lernen hört nie auf. Ist dir schon einmal aufgefallen, dass dir das Universum, gleich nachdem du einen spirituellen Durchbruch hattest, etwas Neues über den Weg schickt, sodass du das Gefühl hast, wieder ganz am Anfang zu stehen?

Das ist so frustrierend, weil unser Verstand linear arbeitet und gerne denkt, dass wir irgendwo hinkommen müssen – zu irgendeinem bestimmten Endpunkt oder Ziel. Aber ich habe inzwischen erkannt, dass wir lediglich vertiefen, was wir gelernt haben, was wir verstehen und woran wir uns erinnern. Wir alle sind Schüler, und wir können unsere Erfahrungen immer noch weiter vertiefen.

Wenn wir zum Universum sagen »Bitte nutze mich« oder »Lass mich der Welt zu Diensten sein«, dann schreit das Universum förmlich

Hurra!. Es sendet uns Dinge, durch die wir besser dafür gerüstet sein sollen, unser Leben in den Dienst einer Sache zu stellen.

Diese Dinge, Erfahrungen oder Menschen spiegeln uns genau den Teil unseres Schattens, an dem wir arbeiten sollten. Wenn du die Dinge beleuchtest, mit denen du konfrontiert wirst, bist du noch besser dafür gerüstet, mit all deinen Fähigkeiten und voller Kraft zu dienen. Alle Heiler und Coaches da draußen werden jetzt wissen, was ich meine. Ich hatte die wirkungsvollsten Sitzungen mit Klienten, die mit genau dem gleichen Problem zu tun hatten, mit dem ich mich selbst am Tag zuvor herumgeschlagen hatte.

Es gibt kein Endziel, das es zu erreichen gilt, und keine Ankunftszeit. Es geht vielmehr darum, mehr von dir selbst anzunehmen und dich auszudehnen.

Eine Freundin machte mich auf eine coole Tatsache im Zusammenhang mit Heiligen aufmerksam. Sie sagte: »Was glaubst du, weshalb die meisten Heiligen erst nach ihrem Tod als heilig gelten? Das liegt daran, dass alle Menschen, die noch für ihre Menschlichkeit bürgen konnten, gestorben sind.«

Ich liebe diesen Satz.

Auf unserer Reise zur »Erleuchtung« ist es wichtig, daran zu denken, dass wir nur Menschen sind. Und das Menschsein bringt es mit sich, dass man ein Ego besitzt. Ganz gleich, zu wie viel Meisterschaft wir es in etwas gebracht haben: Wir sind alle Schüler, und das Lernen hört nie auf. Und das ist auch gut so. Doch wenn wir unsere Herausforderungen als Wachstumschancen betrachten, dann wird das, was sich früher wie ein Tsunami angefühlt hätte, der unser Leben zerstört, plötzlich zu einer Gelegenheit, sich auszudehnen. Aus diesem Grund sind wir überhaupt hier.

Das Fantastische an der Zeit, in der wir leben, ist, dass es gerade zu einem Massenerwachen kommt. In der Vergangenheit haben sich viele Menschen, die »erwacht« sind, aus der Gesellschaft zurückgezogen und in eine Höhle gesetzt. Aber jetzt sind wir, wie ich glaube, dazu berufen, unser erwachtes Bewusstsein in alle Teile der Gesellschaft zu integrieren. Mit jedem neuen Menschen, der erwacht, erhöhen sich die Schwingungen des Planeten. Mit jeder bewussten Entscheidung, die wir treffen, tragen wir zum erhöhten Bewusstsein des Planeten bei. Ob wir nun meditieren, einem Beruf nachgehen, der unserer Berufung entspricht oder Vegetarier werden.

Es gibt weder Richtig noch Falsch, um sich auszudehnen und zu wachsen, nur viele verschiedene Wege.

Dein inneres Leitsystem weiß, welcher Weg für dich der richtige ist. Lass dir von niemandem etwas anderes erzählen.

△

ES WIRD ZEIT VORZUTRETEN

Der Planet winkt. Lockt. Ruft dich. Damit du in deine Ganzheit eintrittst. Damit du vortrittst und in alles von dir eintrittst. Das große Du. Das vollständige Du. Das voller Licht ist. Es steckt bereits in dir. Gib deinen Regungen nach. Gib dem nagenden Gefühl in dir nach. Folge dem Ruf. Du bist die Botschaft. Die Zeit ist gekommen. Du wirst hier gebraucht. Machen wir uns an die Arbeit.

△

DU WURDEST NICHT FÜR DEN SPIELFELDRAND GEBOREN

Du wurdest weder für den Spielfeldrand geboren
noch für die billigen Plätze oder die Tribüne.

Zieh den Vorhang hoch, nimm das Mikrofon in
die Hand, du hast ein Lied zu singen.

Du kamst mit einer Botschaft auf die Welt,
du hast etwas Wichtiges zu sagen.

Statt dem Verlangen deiner Seele Widerstand zu leisten,
solltest du dein Leben zu einem wandelnden Gebet machen.

Warte nicht länger auf eine Erlaubnis. Tu nicht so, als wärst du blind.
Vergleich dich nicht mit anderen. Du bist von einer ganz eigenen Art.

Dein Platz am Tisch wartet auf dich. Dein Stuhl ist bereits reserviert.

Nun hol tief Luft, spring drauflos und mach dich bereit, zu glänzen.

Komm weg vom Spielfeldrand, runter
von den billigen Plätzen und der Tribüne.

Zieh den Vorhang hoch und geh auf die Bühne.
Du musst das Lied deiner Seele singen.

ERLEUCHTE DEN WEG.

DU GEHST VORAN

Du gehst voran. Es ist Zeit. Du bist bereit. Deine Seele ruft dich dazu auf voranzugehen.

Wenn du nicht den Mut aufbringst, es für dich selbst zu tun, dann tu es für:

Emma Ball, Ollie Neveu, Melanie Mackie und Sanja Plavljanic-Sirola. Tu es für Marlene Gourlay, Kirsty Hobbs, Jennifer Mole und Bianca Young. Tu es für Joanne Williams, Rosemarie St. Louis, Bianca Filoteo und Anne-Marie Tiller. Tu es für Roz Grimble, Jen Bollands, Zoe Brewer und Meghan Genge. Tu es für Kay Blanchard, Brooke Steff, Vicky Maxwell und Jane Wright. Tu es für Natasha van Staden, Michelle van Caneghem, Alexis Williams und Laura Paterson. Tu es für Naomi Baird, Jessica Noyes, Narinder Bassan und Emily Johnston. Tu es für Libby Horsman, Bethany Love, Sheila Ann Lacey und Suzan Ward. Tu es für Victoria Cottle, Claire Ashman, Amelia Pearson und Lizzie Houlbrooke. Tu es für Kimberley Jones, Susannah Lee, Cath Dreamcatcher, Melissa LaJoie und Louise Nyakoojo. Tu es für Sonia Kaur, Jacquelyn Hayley, Tric Wright und Helen Thomas. Tu es für Hayley Wintermantle, Carolyn Sykes, Heather Burke und Monika Laschkolnig. Tu es für Renee vos de Wael, Natalie Sneddon, Caya Munro und Ruthie Kolle Hayes. Tu es für Jacqueline Hulan, Giallian Marks, Lisa Barner und Cornelia Blom. Tu es für Laura Martin, Lesa Cochrane, Danielle Mercurio und Rachel Whitehead. Tu es für Juliana Ilieva, Karen Anderton, Aoife Anastasia und Carol Harley. Tu es für Viv Ferrari, Susanne Snellman, Kristy Blaikie und Frankie Stone. Tu es für Kay Jackson, Jett Black, Sarah Hook und Susan Young. Tu es für Lucy Paltnoi, Bill Gee, Louise Androlia und Emily Riggs. Tu es für Georgina Davis, Tania Constantini-Zimmermann, Shelly Drew und Oeda O'Hara. Tu es für Bekky May, Sarah Wilder, Lisa Caddick und

Lucy Milan Davis. Tu es für Rachel Savage, Yolande Diver, Vienda Maria und Carly Jennings. Tu es für Annabelle Catherine Chambers, Nicola Phipard-Shears, Lisa Rose und Keyon Bayani. Tu es für Jen Claire Harrison, Emma Pedersen, Nathalie Hollywood und Nicolle Smith. Tu es für Gina Corneille Lilasong, Lizzie Bengal, Helen Hodgson und Ailish Lucas. Tu es für Jo Kilma, Kathryn Davy, Sonja Lockyer und Alex Beadon. Tu es für Kindra Murphy, Graciela Vega, Lauren Raso und Helene Reinbolt. Tu es für Martha Brown, Diana Sophie Walles und Christina Walsh. Tu es für Roslyn Tebble, Shelly Cameron, Debbie Bolton und Lucy Sheridan-Wightman. Tu es für Bea Bea's Baker, Lisa Marie Pittman, Renee de Villeneuve und Amanda Emmett. Tu es für Belinda Kerruish, Madalyn DeMolet, Zoe Wells und Tiana-Marie Jones. Tu es für Lily Holliday, Pauline Kehoe, Cllaire Brady und Amy Davidson. Tu es für Loren Honey, Julia Davis, Anne-Marie Williams und Cassie Raine. Tu es für Kate Sawyer, Marrsha Troyer Massino, Lindsay Pera und Jennifer Caine. Tu es für Jojo Williams, Jenifer Mole, Jayne Goldheart und Lisa Crowned Jewelz Davis. Tu es für Fiona Pearson, Gillian Marks, Jacqueline Haley und Claire Maria Atkins. Tu es für Marisa Madeline Beatey, Emma Pechey, Fiona Radman und Betsy Bass. Tu es für Jennifer Cainssino, Lindsay Perawyer, Julia Davis, Clare Sophia Voyant und Katie Gee. Tu es für Sheila Dickson, Dana May, Amy Firth und Jaqueline Kolek. Tu es für Cath Dreamdancer Gearing, Adriana Zooma, Zoe Caldwell und Peg Watt.

Tu es für deine beste Freundin und deine Schwester, deine Tante und deine Mutter.

Tu es für alle Frauen, die je gewesen sind und die je sein werden.

Tu es für all diese Frauen und den ganzen Rest.

Denn wenn sie sehen, wie du vorangehst, werden sie den Mut finden, als Nächste zu gehen.

BRIEF NUMMER 2 AN EINEN LICHTARBEITER

Dies ist die Morgendämmerung eines neuen Tags und der Tag einer neuen Morgendämmerung.

Du hast die Macht, globale Veränderungen anzustoßen, indem du einfach du selbst bist.

Jede Entscheidung, die du triffst, schlägt Wellen in dem Meer, das alles Lebendige miteinander verbindet. Nichts ist zu groß oder zu klein, und jede bewusste Tat zählt.

Geh dem nach, was dich zum Leuchten bringt und wodurch du das Gefühl hast, dich auszudehnen. Kümmere dich nicht darum, was es ist, was die Leute denken oder *wie* es getan werden sollte. Geh einfach ganz in dem auf, was du tust. Und lade das Universum ein, durch dich zu arbeiten.

Geh jeden Tag in dich. Setz dich hin und hör in dich hinein. Dein innerer Guru sollte die einzige Autorität in deinem Leben sein. Bitte ihn, deinen Weg für dich zu erleuchten.

Deine Seele kennt den schnellsten Weg nach Hause. Handle nach dem, was sie dir zuflüstert. Vor allem, wenn sie dir etwas sagt, was du nicht hören willst.

Tausche Kontrollieren und Erzwingen gegen Zulassen und Vertrauen. Das Universum wartet nur darauf, dich zu unterstützen. Aber erst musst du springen.

Atme durch deine Angst hindurch oder sprich sie laut aus. Was immer du auch tust, versteck sie nicht. Trink eine Tasse Tee mit ihr und betrachte sie als das, was sie wirklich ist: eine Einladung, dich auszudehnen. Nimm diese Einladung an.

Sich auszudehnen bedeutet nicht, dass du deine Energie auf einen anderen verlagern musst. Du kannst auch still vor dich hinleuchten, du brauchst dafür nicht extrovertiert zu sein. Das Universum dehnt sich mit jeder Sekunde weiter aus. Wie sehr du auch wächst, es gibt immer mehr als genug Platz.

»Das Licht zu sein« erfordert keine Anstrengung, aber du musst etwas dafür tun. Tu jetzt gleich etwas dafür. Und jetzt. Und jetzt. Und jetzt. Und jetzt. Und jetzt. Und jetzt. Und jetzt. Und jetzt.

Du bist nicht normal, du bist außergewöhnlich. Dein Versuch, dich anzupassen, wird nie funktionieren. Du wurdest nicht geboren, um in einer engen Form zu leben. Quell über. Dehn dich aus. Nimm Raum ein. Alles andere wäre eine tragische Verschwendung.

Nimm die Energie an, die durch dich kommen will. Es gilt Bücher zu schreiben, Reden zu halten, Berge zu erklimmen und Babys zu gebären. Heb die Hand, mach einen großen Sprung und genieß die Reise.

Dies ist die Morgendämmerung eines neuen Tags und der Tag einer neuen Morgendämmerung.

Danke, dass du den Weg erleuchtest.

△

DIE ARMEE DES LICHTS SUCHT IMMER REKRUTEN

Die Armee des Lichts braucht dich! Du wirst rekrutiert, um die Welt zu erleuchten, indem du ganz du selbst bist. Zum Lohn dafür, dass du dein Licht so leuchten lässt, wie nur du es kannst, und dass du auf den Ruf deiner Seele hörst, wird dich das Universum voll und ganz unterstützen.

Warnung: Deine Träume verwirklichen sich vielleicht nicht so, wie du denkst. Es besteht eine große Chance, dass sie sich weit besser verwirklichen, als du es dir jemals hättest vorstellen können.

Name: ....

Unterschrift: ....

Name: DAS UNIVERSUM

Unterschrift: *Das Universum*

ICH HABE
KEINE ANGST.
ICH WURDE DAFÜR
GEBOREN.

JOHANNA VON ORLÉANS

VIELEN DANK

Hier sind wir am Ende dieser Seiten angelangt. Aber vielleicht stehen wir ja erst am Beginn einer längeren gemeinsamen Reise.

Ich hoffe aus tiefstem Herzen, dass dir diese Worte irgendwie nützlich dabei waren, wieder zur Weisheit deiner Seele zurückzufinden.

Manchmal können Worte nicht alles ausdrücken, was unser Herz fühlt. Aber ich vertraue darauf, dass dein Herz und deine Seele alles empfangen, was dir fehlt.

Es bedeutet etwas, dass du hier bist. Es bedeutet etwas, dass du emporsteigst. Es bedeutet etwas, dass du dich ausdehnst. Es bedeutet etwas, dass du mutig bist. Es bedeutet etwas, dass du bewusster wirst. Es bedeutet etwas, dass du dein Licht leuchten lässt. Keine Tat ist zu groß oder zu klein. Steige immer weiter empor.

Vielen Dank, dass du da bist, etwas tust und dein Licht leuchten lässt.

Vielen Dank, dass du der Welt dienst, indem du du selbst bist.

Ich bin so froh, dass es dich gibt.

Mit nichts als Liebe.

EINE SACHE

Wenn du aus diesem Buch nur eine Sache mitnehmen würdest, wäre mir diese hier am liebsten: Deine Seele ruft dich unentwegt zu deinem Ganzsein, deinem Fluss, deinen Träumen und deiner Bestimmung (und allem anderen). Aber du musst regelmäßig etwas tun, damit du sie hören kannst.

Ich habe festgestellt, dass eine tägliche spirituelle Übungspraxis der einzige Weg dafür ist. Öffne dich dem Rufen deiner Seele, dann wird dich das Universum mit offenen Armen empfangen und unterstützen.

Kurz gesagt: Meditiere jeden Tag.

Und warte darauf, dass etwas Magisches passiert.

SONN DICH NOCH MEHR IM LICHT

Mailing-Liste abonnieren

Sorg für etwas mehr Licht in deinem Posteingang, indem du meine Mailing-Liste *www.rebeccacampbell.me/signup* abonnierst.

Ladies of the Light

Setz dich auf *www.ladiesofthelight.com* mit gleichgesinnten Seelenschwestern in Verbindung.

Instant-Hilfe-Orakel

Hol dir unter *www.rebeccacampbell.me/instant-guidance* Rat und Inspiration bei meinem kostenlosen Orakel.

Vertiefen

Wenn dir dieses Buch gefallen hat und du alles gerne weiter vertiefen möchtest, wirf unter *www.rebeccacampbell.me* einen Blick auf meine Onlinekurse und Mentoring-Programme.

Vernetzen

www.rebeccacampbell.me
www.facebook.com/rebeccathoughts
www.instagram.com/rebeccathoughts
www.twitter.com/rebeccathoughts
www.pinterest.com/campbellrebecca

MEINE EMPFEHLUNGEN

Bücher

Cameron, Julia: *Der Weg des Künstlers. Ein spiritueller Pfad zur Aktivierung unserer Spiritualität*. Knaur MensSana, 2009.

Hicks, Esther und Jerry: *Wünschen und bekommen. Wie Sie Ihre Sehnsüchte erfüllen*. Allegria, 2008.

Macpherson, Miranda: *Boundless Love*. Ebury Press, 2002.

Gilbert, Elizabeth: *Eat Pray Love. Eine Frau auf der Suche nach allem quer durch Italien, Indien und Indonesien*. Berlin Verlag, 2016.

Calhoun, Flo: *I Remember Union*. All Worlds Pub, 1992.

Virtue, Doreen: *Dein Leben im Licht. Heilung durch Selbsterkenntnis*. Allegria, 2008.

Watterson, Meggan: *Reveal*. Hay House, 2013.

Godin, Seth: *Tribes*. Piatkus, 2008.

Choquette, Sonia: *Walking Home*. Hay House, 2014.

Pressfield, Steven: *The War of Art*. Black Irish Entertainment LLC, 2012.

Gray, Kyle: *Lass dein Herz leuchten. Ein Kurs in Vergebung*. L.E.O. Verlag, 2015.

LaPorte, Danielle and Sivertsen, Linda: *Your Big Beautiful Book Plan*.

Musik

Krishna Das: *www.krishnadas.com*
Chloë Goodchild: *www.thenakedvoice.com*
Baird Hersey: *www.bairdhersey.com*
Jai Jagdeesh: *www.jai-jagdeesh.com*
Light Is The New Black-Playlist: *www.lightisthenewblack.com*
Gurunam Singh: *www.gurunamsingh.com*
Nikki Slade: *www.freetheinnervoice.com*
Veranstaltungen und Kurse
B School: http://marieforleobschool.com
Emerging Women: *http://www.emergingwomen.com*
Autoren-Workshops von Hay House: *http://www.hayhouse.co.uk*
School of the Modern Mystic: http://schoolofthemodernmystic.com
Six Sensory Living: http://www.soniachoquette.com
Spirit Junkie Masterclass: http://spiritjunkies.com
Spirited Sessions: http://www.thespiritedproject.com

MEIN DANK GEHT …

An meine Lehrerin und Mentorin Sonia Choquette. Für alle deine Lehren (selbst die, während ich schlief!) und dafür, dass du mir den Weg gewiesen hast, während meine Vergangenheit unter mir wegbröckelte. Dafür, dass du mich dazu ermutigt hast, zu lehren und zu schreiben. Und dafür, dass du dieses Buch an Michelle von Hay House weitergeleitet hast.

An Craig Gourlay. Dafür, dass du mir die Erfahrung geschenkt hast, in der Liebe emporzusteigen, auf dem fliegenden Teppich zu reisen, für deine Achtfaltigkeit und für deine grenzenlose Ermutigung und Unterstützung, als ich diese Seiten geschrieben habe. Und auch dafür, dass du mit meiner extremen Unordentlichkeit klarkommst!

An Trevor und Julie Campbell. Weil ihr mir beigebracht habt, wie wichtig Bildung ist. Weil ihr mir alle denkbaren Möglichkeiten gegeben habt, mich auf jedem Schritt meines Weges unterstützt habt und mir Flügel gegeben habt, um selbstständig zu fliegen.

An Angela Wood. Für deine Freundschaft, deinen Mut, dein großes Herz, alle D & M's und dafür, dass du mein Erwachen so stark beschleunigt hast.

An Blair, Wildcat und Adrian. Für all die guten Zeiten und dafür, dass ihr mir gezeigt habt, wie man wirklich lebt.

An Matt. Für deine bedingungslose Ermutigung und das Wachstum, das du mir durch unsere Beziehung ermöglicht hast.

An Amy Firth. Dafür, dass du mir eine Schwester bist und mir geholfen hast, die Geschichte meines Lebens bestmöglich zu redigieren. An Sheila Dickson für deine Freundschaft und dafür, dass du dich sogar noch mehr freust als ich, wenn mir etwas Tolles passiert.

An Chela Davidson. Weil du mich in der Mitte meines Sprungs unterstützt hast. An Andrea Hess, weil du mir Einblicke vermittelt hast, wer ich auf der Seelenebene bin und zu welcher Arbeit ich berufen wurde. An Nikki Slade und Gail Larson, weil ihr mir geholfen habt, die Stimme meiner Seele zu befreien. An Miranda Macpherson für deine kraftvollen Lehren und deine Energie. An Gurunam Singh, Krishna Das, Baird Hersey und Jai-Jagdeesh für eure andächtige Musik, die mein Herz berührt wie keine andere.

An Jaqui Kolek, Louise Androlia und meine Schwestern aus der *Six-Sensory*-Gruppe (Betsy Bass, Monika Laschkolnig, Susanne Snellman, Fiona Radman und Sanja Plavljanic-Sirola). Für eure Unterstützung, euren Glauben an mich und eure fortwährende Ermutigung. Und an Robyn Silverton, für unsere *Spirited*-Partnerschaft.

An das ganze Team von Hay House UK, ganz besonders Michelle Pilley. Vielen Dank, dass ihr mich in die Familie aufgenommen und meiner Arbeit ein Zuhause gegeben habt.

An meine Redakteurin und Freundin Amy Kiberd. Vielen Dank, dass du so eine kristallklare Vision für dieses Buch hattest und die Arbeit daran zu einer heiligen Freude gemacht hast. Ich bin so stolz auf unsere gemeinsame Schöpfung!

An Julie Oughton und Sandy Draper. Weil ihr diesem Manuskript mit einer kraftvollen Kombination aus Liebe und äußerster Detailfreude den letzten Schliff gegeben habt. An Jo Burgess, Ruth Tewkesbury, Jessica Crockett, Tom Cole, Leanne Siu Anastasi und Diane Hill, weil ihr immer noch einen Schritt weiter gegangen seid und so hilfreich und kompetent wart. Es war traumhaft, mit euch zu arbeiten.

An Reid Tracy, Patty Gift, das Team von Hay House USA, den *Writer's Workshop* und an Leon Nacson und Rosie Barry von Hay House Australien dafür, dass ihr *Dein Licht steht dir gut* Flügel verliehen habt. An Versha Jones (UK) und Michelle Polizzi (USA) für das wunderbare Umschlagdesign.

An Louise Hay, Maya Angelou und alle Frauen aus allen Zeiten, die schon früher mutig emporgestiegen sind, ohne Rücksicht auf die Folgen. Vielen Dank, dass ihr so eine brennende Spur hinter euch hergezogen und es damit für Frauen wie mich viel leichter gemacht habt mitzuteilen, was in ihrer Seele vor sich geht.

An die Lichträte, die göttliche Mutter, Kali, Maria Magdalena, meine geistigen Helfer, meine Vorfahren und die Quelle. Vielen Dank für Euer beständiges Flüstern, Euren Rat und Eure Unterstützung während meines ganzen Lebens. Besonders in den Momenten, in denen ich nicht darauf hörte.

An alle meine Klienten, Schüler und Follower in den sozialen Medien: Vielen Dank dafür, dass ihr da seid und mir die Gelegenheit gebt, euch mitzuteilen, was in meinem Herzen vor sich geht.

Und zu guter Letzt, aber am wichtigsten: an dich, meine liebe Leserin und meinen lieben Leser. Vielen Dank, dass du meinem Ruf gefolgt bist und dein Licht leuchten lassen willst. Du bist mein Segen.

Alles Liebe